书山有路勤为径，优质资源伴你行

注册世纪波学院会员，享精品图书增值服务

企业文化
设计

用文化图谱
构建企业文化（全新版）

[奥地利] 西蒙·施德明◎著
（Simon Sagmeister）

林珺　　苏进◎译

**BUSINESS
CULTURE DESIGN**
Gestalten Sie
Ihre Unternehmenskultur
mit der Culture Map

电子工业出版社.
Publishing House of Electronics Industry
北京·BEIJING

Simon Sagmeister: Business Culture Design: Gestalten Sie Ihre Unternehmenskultur mit der Culture Map

ISBN: 978-3-593-50598-5

Copyright © 2016 Campus Verlag GmbH, Frankfurt am Main.

Simplified Chinese translation edition copyrights © 2024 by Publishing House of Electronics Industry Co., Ltd.

All rights reserved.

版权贸易合同登记号 图字：01-2017-7907

图书在版编目（CIP）数据

企业文化设计：用文化图谱构建企业文化：全新版 / （奥）西蒙·施德明（Simon Sagmeister）著；林珺，苏进译 . -- 北京 ：电子工业出版社，2024. 7. -- ISBN 978-7-121-48295-3

Ⅰ．F272-05

中国国家版本馆 CIP 数据核字第 20246QQ432 号

责任编辑：刘　琳
印　　刷：中国电影出版社印刷厂
装　　订：中国电影出版社印刷厂
出版发行：电子工业出版社
　　　　　北京市海淀区万寿路 173 信箱　邮编：100036
开　　本：720×1000　1/16　印张：16.5　字数：212 千字
版　　次：2024 年 7 月第 1 版
印　　次：2024 年 7 月第 1 次印刷
定　　价：99.00 元

凡所购买电子工业出版社图书有缺损问题，请向购买书店调换。若书店售缺，请与本社发行部联系，联系及邮购电话：（010）88254888，88258888。

质量投诉请发邮件至 zlts@phei.com.cn，盗版侵权举报请发邮件至 dbqq@phei.com.cn。

本书咨询联系方式：（010）88254199，sjb@phei.com.cn。

推荐序

丽塔·金

我永远不会忘记在科学之家与西蒙·施德明博士初遇的那一天。他的伯父斯蒂芬是一位闻名纽约的平面设计师，之前就向我提起过他，并为我们牵线搭桥："我侄子自创了一套工具用于呈现企业文化。"当时给我的感觉只是，某人有某个工具。而我个人与知名大企业的管理团队合作十多年来，已经见识过很多工具了……

最终我们还是趁西蒙在纽约时见了一面。那天我们科学之家的创始人詹姆斯·乔亚施事务繁忙，于是我对他说，我可以去和西蒙见面，然后向他通报事态进展。

西蒙和我在科学之家的"想象之室"共坐，当他向我展示那些塑封的彩色六边形时，我顿时被吸引住了。他为我解说了文化图谱的构建：每个六边形象征一种不同的发展动力，每个组织中都包含所有七种六边形，只是所占的比例不同。例如，某些企业重视员工之间的和谐共处，那么它们的文化图谱会呈现一个较大的绿色六边形；然而，一旦它们打算削弱绿色、加强开放和冲动性又该如何？那就努力扩大红色六边形。六边形大小不一，随着企业目标的变化，随着员工为了追逐该目标而调整彼此之间的互动方式，所有六边形的面积也随之忽大忽小。

在我眼中，这些六边形马上有了生命，我在脑海中飞速地为所有客户描绘了他们各自的文化图谱，他们的强弱优劣顷刻间一目了然。我希望我也能采用这么奇特的方式向他们展示各自所处的情境，与他们共同描绘明

日的蓝图。

　　我立刻给詹姆斯发了短信请他过来。作为一个发明家、投资家、企业家，詹姆斯目光如炬，他一眼就能识别出好的理念。西蒙走后，我对詹姆斯说："我非常欣赏这个人和他的理念。"

　　这时门铃响起，西蒙又出现在门前，他说："我从瑞士带来的巧克力，刚才忘记给你们了。"

　　关于本书作者，这个场景已经说明一切：他卓越超群又彬彬有礼，他乐于挑战又全神贯注。

　　那天我们决定与文化学院建立合作伙伴关系，由此我们作为西蒙·施德明创立的文化图谱系统在北美的独家许可企业，展开了一段令人难以置信的旅途。我们使用它服务客户，帮助客户用一种全新的方式看待自己，而我们获得的结果无不与变革息息相关。

推荐序

朱鋆

文化，是一个国家和民族的底层操作系统。文化，也是一家企业的内在基因。

长期以来，企业文化一直是一个比较模糊的概念。但企业文化设计（Business Culture Design，BCD）的出现改变了这一状况。企业文化设计拥有由七种颜色构成的文化图谱，是将文化具体化、可视化和可管理化的有效工具。

当今世界正处于一个动荡不安、撕裂的时代。地缘政治对抗带来的不安全感，加上变革中日益增大的不确定性，让不少企业选择了最古老的紫色模因文化，即对内追随权威，对外封闭，执着于已有的价值观，对稳定性的追求远远大于对变革的渴望。

中国传统文化经典《道德经》中的思想与施德明博士在企业文化设计中提炼的水蓝色模因有异曲同工之妙。希腊哲学家赫拉克利特的"Panta rhei" ①与老子的"上善若水"，都强调一切都在流动之中，因此要秉持开放心态，寻求广泛合作并随机应变。

每种模因都有自己的特点和局限性。具有哪种文化模因的企业更能在VUCA时代存活下来，与时俱进？

作为汽车行业的资深人士，以及瑞中创新中心中国首席代表，我清晰地看到全球汽车行业百年不遇的大变革，以及中国企业走向世界的巨大机

---

① "Panta rhei" 意为 "万物流变"，指一切事物都处在不断的变化之中。

会和挑战。

时代巨变、行业巨变，需要不同的领导力。

2023年年销售181万辆汽车的特斯拉，其市值远超全球第二大汽车制造商丰田。特斯拉之所以能成为全球市值最高的车企，很大程度上是因为创始人马斯克改变世界的愿景——"通过电动汽车的普及，驱动全球向可持续能源的转变"。按照企业文化设计的理论框架，特斯拉是一家具有黄色和红色模因的公司。

与此同时，在中国涌现众多成立还不到十年的造车新势力，如"蔚小理"（蔚来、小鹏、理想），它们对原来的行业巨头发起了猛烈冲击，把传统豪华品牌BBA（奔驰、宝马、奥迪）挤兑成了燃油时代的老霸主，自身成为引领智能新能源时代的新领袖。

在很大程度上，中国这些创新企业的成功与发展，也基于创始人的远见、价值观及企业文化。

不仅包括像"蔚小理"这样的新兴公司，也包括有更久历史的中国车企，如比亚迪、奇瑞、长城汽车，它们的董事长纷纷站到台前，作为企业文化的代言人，来更好地塑造自家企业的品牌和产品。

这些改变都是通过塑造企业文化，来吸引有使命感、意义感的年轻世代消费者，吸引优秀的人才加入公司。

南宋大儒、理学家朱熹在《观书有感》中写道："问渠那得清如许，为有源头活水来"，也阐述了创新和活力的重要性。

施德明博士的这本书在中国出版、再版，为中国企业家面对复杂的国际化挑战和机遇，提供了很好的思维框架和方法论。

瑞中创新中心中国首席代表

2024年写于深圳

一个华人眼中的欧洲企业文化

林　珺

翻译本书的过程可谓行云流水，从开工到结束一气呵成。

原著作者西蒙·施德明博士采用通俗易懂的语言风格，行文活泼、接地气。这对译者的工作来说无疑是把双刃剑：好处是便于理解，切入非常快，不容易产生歧义，但同时要求译者对欧洲历史、现当代文化生活有一定程度的了解，能精准把握语言力度，有那么点举重若轻、一语点破的哲学境界。

记得少时求学阅读西方译作时，最苦恼的便是语言的不连贯、词义的不通透，把原本平直的一句话译成西湖的九溪十八涧。中文又是具有形态美的独特文字，一眼望去，坑坑洼洼的低劣视觉会让人丧失所有的阅读兴趣。我既然深受其苦，轮到自己出手时自然就把文字的通顺流畅放在了第一位，希望读者读后不会觉得我眼高手低。

读者也许会质问：当下企业文化书籍林林总总，多出这一本意义何在呢？

西蒙博士曾经如此总结："目前市场上的企业文化书籍多是心理、性格测试风格的；而我努力去直面企业文化这个课题，对它进行科学性、理论性的分析研究，从而总结出一些实践方法和战略措施。"

在译者看来，本书的优越性在于它的关注对象：企业！它伸出长长的广角镜，集中精力聚焦的唯有一个对象——企业！本书把企业视为一个可变、可塑的有机整体，而非分割成零落的个人、领导层、心理素质；立足于现状分析，放眼于未来走向，在此大框架中提出全方位的企业文化战略，真正做到了实至名归。

西蒙博士的足迹，是一个从理论到实践，再回到理论的循环圆弧。他一边从事理论研究，一边在美丽的瑞士苏黎世湖畔创办了文化学院，为企业直接提供企业文化咨询服务。他遵循用理论指导实践，再将实践心得升华为理论精要的工作方式，环环相扣，最大限度地保持着与时代、企业的接触，敏锐感受它们的脉搏。因此他的成功也是必然的，不仅文化学院的培训和咨询课程受到名企的追捧，本书也被列为德语商业类畅销书。

参照本书介绍的文化图谱模型，就德语区的企业文化现状而言，分布于德国乡村地区的传统企业大多可以被划入以紫色（传统）、蓝色（秩序）为主的行列，这与德国社会文化的大环境息息相关。百年前德国统一，大市场为企业发展带来蓬勃商机，它们带着德意志独特的严谨作风，把一件产品、一家企业做上一百年，借助稳定的经济与法治环境成就"隐形冠军"；但百年经验的积累容易带来故步自封的思维，导致德国企业缺乏冒险精神，不鼓励"异想天开"的人才。

反观中国企业从无到有、从小到大、从地区到国际，在极短时间内走过了一条迥异于德国的发展道路。企业家在资源、技术、知识、意识都严重匮乏的情况下穿越野蛮生长阶段，踏入建立自身形象、树立品牌、持久发展的新时期。

时代的紧迫感迎面而来，是危机也是契机。在这个不进则退、放手一搏的年代，中德两国企业可谓殊途同归，双方都迫切需要审视自己的现状，并在此基础上直面各种新挑战，明确"向何处去"的大主题。企业该如何遵循战略方向，有意识地培植新的企业文化？如何运用企业文化更好地服务于大战略？本书就此提供了一个大胆、有效的方案。

译者简介

林珺　德籍华裔，工商管理硕士毕业后在瑞士企业管理层任职十年。后弃商从文，目前身兼德语作家、记者、中德跨文化培训师、奥芬堡应用科技大学"跨文化管理领导"讲师、史太白基金会项目经理等数职，活跃于德国文化与企业界，自称是"不典型的70后、典型的斜杠青年"。她致力于在中国推广中西跨文化、企业文化设计课程，搭建中德文化教育桥梁。

译者序

唯有文化方能生生不息

苏　进

这几年一直在从事组织健康顾问和领导力发展培训工作，与各种类型的企业以及企业中高层有着诸多接触，我有一个明显的感觉：大家对领导力的提升需求变得越来越多，大家在谈技能提升的时候，开始更多地关注企业文化的塑造和影响。

当电子工业出版社的编辑邀请我来翻译西蒙·施德明博士的《企业文化设计》这本书的时候，我欣然接受。正好我的大学同班同学林珺女士，在德国从事文化传播工作，她既是德语作家，又是跨文化培训的讲师，我们一拍即合，非常乐意把这本关于企业文化设计的书籍介绍给国内的企业和各级领导者。

关于文化的书籍，也是林林总总，不一而足。而西蒙·施德明博士这本书，从颜色与文化的关系方面入手，就颇有新意了。其实，在很多培训中都有着颜色工具的应用，比如 DiSC 风格测评、4D 个性测评，它们都是用四种颜色来代表四种风格或个性。我的授权认证课程"4D 领导力"使用四种颜色——绿、黄、蓝和橙来代表四种个性，也代表四种文化——培养感激文化、包容接纳文化、展望创新文化、管控执行文化。但是西蒙博士把文化的颜色扩展到七种，而且极具内涵，意义深广，把企业文化这个博大的话题，以色彩斑斓、活灵活现的方式展示在大家面前，解析得十分透彻且生动。

有人会说，文化很虚，不太好管理，也不太好设计；而且很多领导者更多地关注企业的业务模式、战略、资金、技术、营销等。其实，不管你重视不重视企业文化，它都在那里，而且起着重要的作用。文化是什么？作者用冰山模型来展示文化的不同要素，既包括水面上可见的部分（如公司员工的着装是T恤短裤还是西装革履，员工是坐在一个个的格子间办公还是在大通间里办公，公司会议是如何召开的，最好的停车位是留给老板、最好的销售人员还是先到先得），也包括隐藏在水面之下看不见的要素（如价值观、态度、动机、感知、信条、个性等）。

借用乔布斯的表达：文化不是纸面上怎么宣传，而是信仰什么，如何思考，如何做事。

那么，企业里的人都是用怎样约定俗成的、默认的共同思想、共同行为来思考和做事的呢？有什么普遍的规律吗？

有着丰富理论研究和为众多企业提供企业文化咨询实践的西蒙博士在这本书中把文化表现出的思想、行为、价值观等用七种颜色进行诠释，形成了一个文化图谱：紫色代表着忠诚、团结；红色强调的是勇气、果断；蓝色代表的是规则、可靠性；橙色强调的是务实、竞争；绿色代表的是平等、和谐；黄色强调的是理性、好奇；水蓝色代表的是全局观、开放性、使命感。在每种颜色代表的文化中，西蒙博士详尽地阐述了健康的组织是什么样子的、不健康的组织又是什么样子的；每种颜色文化中的领导者是什么样的风格，员工是什么样的表现；每种颜色的组织是如何进行人才培养和决策的；集体和个体呈现出什么样的关系；每种颜色的文化面临着何种挑战以及如何解决，等等，让我这个译者不得不佩服作者理解的深刻、到位，以及对庞

大的文化话题的驾驭能力。

只理解了文化图谱的七种颜色还不够，最重要的是要将所有彩色模因汇合成文化模型，因为任何一个组织和团队都不是单一色彩的，这样才能令企业文化的特征凸显，并根据想要达到的目标对它进行设计。在本书的第4章，西蒙博士重点介绍了掌舵企业文化、发展企业文化的四大阶段，并给出了具体的做法。循序渐进地按照阶段进行，大家都能对自己的企业或团队的文化有清晰的认知，从而掌握自己最大的竞争优势，也为下一步的文化发展做出规划，有意识地向某个方向进行引领。在本次更新过程中，西蒙博士在第5章分享了近几年来和同事的诸多实践案例，比第1版增加了更多鲜活的文化落地的具体行动措施和技巧等，对文化学习和践行者来说，有很好的借鉴作用。

美国著名的管理大师帕特里克·兰西奥尼说："组织健康为战略、金融、营销、技术和组织中所发生的一切提供了环境，所以它是决定组织成败的最重要的因素。它比人才重要，比知识重要，比技能重要。"兰西奥尼提到的健康，其实就是积极、正向的企业文化。互联网巨头阿里巴巴能走到现在，其领导者也认为，支持他们最重要的是文化！

健康的企业文化既然这么重要，那么这本"色彩斑斓"的关于文化图谱的书籍对于各级管理者，尤其是中高层领导者、人力资源从业者、企业文化设计及宣传部门的人员来说，是非常值得一读的。它会让你耳目一新，并启发你新的探索。

译者简介

苏进 目前专职从事企业领导力发展培训与教练、组织健康顾问工作。他是西蒙博士"企业文化设计"工作坊国内首批认证导师之一，美国航空航天局"4D 领导力"课程认证导师、教练，美国"领越领导力®"（The Leadership Challenge）版权课程认证导师，美国 Table Group 版权课程"克服团队协作的五种障碍"国际认证导师，加拿大 Erickson 教练学院认证教练，美国出版集团 Wiley 版权课程"Everything DiSC"认证导师，中国人力资源开发研究会特聘专家。

苏进先生曾在国有股份制企业、中资驻美国企业、外商投资企业、美资世界 500 强企业工作并担任高管多年。著作有《人员选拔与聘用管理》《法学专业大学生职业发展与就业指导》，译作有《CEO 的五大诱惑——领导者应警惕的人性弱点》《家族领导力之道》等。

欢迎关注视频号：领导力苏进说。

更新声明

西蒙·施德明

本书第 1 版（德语版）于 2016 年出版，两年后英文版出版，2020 年中文版也出版，2023 年，我们在中国开展了第一次导师认证工作坊，并收获了不错的反响。与此同时，我们以文化学院为载体，陪伴很多企业发展其企业文化，其中包括全球知名的汽车制造厂商和供应商、保险公司、银行、物流企业、一家金融科技独角兽、一家欧洲冠军杯足球俱乐部、一个全球性非政府组织……以上这些仅是几个范例。总而言之，这是一个缤纷、多样的组织有机体的大杂烩，包含了各种不同的企业文化。它们在过去或当下面临诸多挑战，但它们的相同点在于，没有把企业文化发展丢给偶然性，而是决定有意识地去构建它——使用我们的文化图谱。

借本书更新之际，我希望与大家分享最近几年获得的认知和问题解决设想，因为我们在文化学院发现，企业文化设计本身唯有在一次次的实际应用中才能焕发生机，并不断发展深化。这说明什么？说明理论、科学的基础依然坚实，但不等于停滞不前。世界在千变万化，企业文化设计同样在更新中。因此，本书全新版的内容不少与第 1 版相同，但也有许多差异。

语言

语言的生命力一如文化，无时不在改变的潮流之中。本书全新版的修订工作也包括了对语言的更新，因为语言能够传递意象，从而造就文化现实。以下的例子深刻体现了语言面临的这个问题：

　　一对父子遭遇严重车祸，父亲不治而亡，儿子重伤。当儿子被推进手术室时，医生对护士说："这个手术我做不了，因为他是我儿子。"请问这是怎么回事？

　　也许你在思考片刻之后会想到义父子关系。但这里还有另一种可能性：医生是位女性！在这个例子中，我只用了男性人称代词，从而将你引入思维陷阱。同时，我故意让你在脑海中将护士的形象想象为女性。如此这般，我利用并更加固化了传统的性别角色刻板印象。然而在我们如今的社会中，这是不应当发生的。

　　与此同时，如果行文中对每个人物都使用双重称呼（男医生、女医生），或者每次使用性别符号（男＊女医生）（这里不可译，原文的 Ärzt*innen 是当代德语特有现象，为了去除传统职业名词中使用的男性称呼，抹平性别差异而引入，在德国社会也争议极大。——译者注），这种做法恐怕也无益于阅读的流畅性。因此我提出如下声明：为了保证可读性，我在书中使用的所有职业代词同时代表所有性别。例如，当文中提到"经理"或"工作人员"时，所有性别的读者都应感到被包含在内。

　　语言更新并不仅仅包括性别问题。在本书全新版中我将基本弃用"上级"一词。这个词语也许在一个极度强调秩序的组织中还有用武之地，但我们文化学院研究的都是多元化的组织，它们大多已经淘汰该词语，而是采用"管理者""领导者"这类称呼。此外，我还将在书中采用一些英语词汇，如 Leadership（领导力、领导层）、Commitment（承诺）、Change（改变）等，原因很简单：在商业世界中，英语不可或缺，即便在日常生活中，英语也无处不在。我想以一种务实的态度来处理它，既不过分使用，又不教条地完全避免使用英语词汇。

　　语言更新工作的一个关键部分直接关系到读者，因为我在本书全新版中将采用"你"的称呼。这个改变符合当下的文化发展潮流，尤其在德语区，

"你"的使用越来越普遍。作为企业顾问，我在15年前无论如何也不会与客户以"你"相称，这会被视为不够专业。但时至今日，我和绝大多数紧密合作的伙伴都用"你"来称呼。在文化学院服务的大多数企业中，"你"文化的发展同样欣欣向荣。即使在私人生活中，也证实了这种文化发展趋势：童年时代时，我对父母的朋友无不以"您"呼之，如今我的儿女的朋友们却不喊我"施德明先生"，而是直呼"西蒙"。

我不认为这是传统沦丧、缺乏尊重，而是从中捕捉到文化发展的积极意义，将可亲近感置于等级距离之上——无论是在职场上还是在生活中。因而我很高兴，我们现在切换成"你"的称呼方式！

视觉表达

图形的力量不仅体现在语言中，还体现在视觉表达中。在本书第1版中，我已经非常重视通过图形来吸引读者，希望我写的书中不仅仅包括文字。当我在纽约休假时，有两位年轻的设计师帮助我将手绘草图转化成图形，并为书籍设计了独特的版式。我对他们的工作成果非常满意，评论家、读者无不交口称赞本书亮丽、独特的外观之美。

那么，何以我又做改动呢？因为我们文化学院热爱设计和追求进步。即便事情一帆风顺，并无改变的压力，但我们仍然追求持续的发展和改进。与第1版的不同之处在于，本书全新版中的图形并非来自某个图形设计工作室，而是出自一位建筑师：我的妻子卡罗琳娜。这与家庭的颜色无关，而在于她对我这个项目、项目的持续发展抱有同样的橙色热情。

对运行良好的事情进行改变，这是需要勇气的，不仅要投入精力、时间以及其他资源，还须承担风险，因为离开习惯的轨道容易带来混乱、困扰。

新的视觉表达应当提供更多的认同感并能更好地传递情感。我衷心希望你会喜欢!

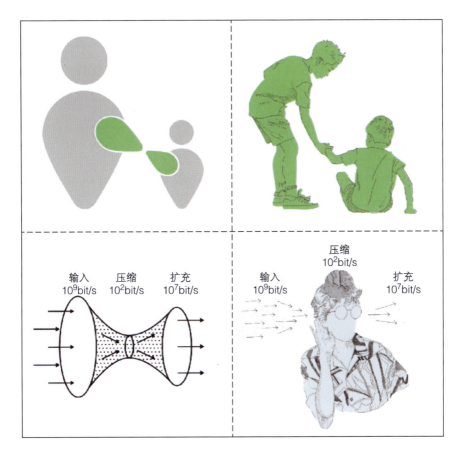

内容

　　企业文化图谱诞生于科研工作的框架,成长于实践应用。企业和企业工作人员面临的实际挑战引导着解决方案的发展、成型。自从本书第 1 版出版以来,新的故事不断在上演。在文化学院,我们借助各种机会不断学习,企业文化设计也持续获得纵深发展。我与弗兰克·赫姆勒一起合作,对第 4 章进行了全面的修订,详细描述了具体工作流程,也分享了我们的经验

与心得。在第 5 章，我们还增加了实践案例。

在修订过程中，我也始终牢记，积极地参与企业文化设计能带来最好的结果。文化发展是一个集体学习过程。而文化图谱不仅仅是一个测量工具，更是一个对话工具。因此，基本上，开始一段改变企业文化的旅程是合理的。改变之旅不是某个人单独进行的，而是集体进行的。我已经相应地调整了实施建议。在文末，弗兰克在结束语中反思了他的企业文化设计经历和未来的文化发展主题。

祝你阅读愉快，并且享受企业文化设计之旅！

目　录

第❶章

文化之舞台

企业文化简述

有一天老板对我说："我们得把企业文化设计得有血有肉！"那是2004年发生的事，直到今天我仍记忆犹新——"说到战略、组织结构，我们都明白是什么意思。"他继续说，"可是一旦说到文化，便十分茫然。"有家公司的管理层十分明白企业文化在组织发展中的重要地位，那就是尤利欧斯·布卢姆有限责任公司。这个家族企业已经传承到第三代，并已经成功发展为拥有10 000名员工的跨国企业。尤利欧斯·布卢姆有限责任公司的掌门人一直非常重视公司的发展动向，从不敢对企业文化掉以轻心。

这家企业的管理者深知，要想保持企业成功，必须有意识地加强对企业文化的管理。所以他们找到了我，希望我加入。我应该在我的博士论文中科学地阐述如何在实践中管理企业文化。虽然这是我大学毕业后第一次近距离接触职场，但通过之前多次海外实习的经历，我已经对不同企业文化有了广泛的了解；而我父母供职的家族企业，也令我从小就对企业文化的影响力耳濡目染。现在我有一项任务，我必须用理论诠释企业文化，并帮助企业获取实际成果。我从一开始就对这个课题怀有浓厚兴趣，但当时万万没有料到，它将是我的整个职业生涯中最浓墨重彩的一笔。

冰山模型

只要略微翻阅当下流行的文化类书籍，很快就会邂逅所谓的冰山模型。冰山模型主要展示了文化的不同要素，其中固然有露出水面的可见文化要素，但绝大部分要素深藏在水下，不能轻易被辨别，可见文化要素建立在不可见文化要素之上。

如果将冰山模型运用于企业文化，可见文化要素就是我们能看到、听到的所有事物（公司员工的着装是 T 恤短裤还是西装革履，员工是坐在一个个的格子间办公还是在大通间里办公，公司会议是如何召开的，最好的停车位是留给老板、最好的销售人员还是先到先得）。当我们第一次踏入某家企业时，这些可见文化要素可能令人目不暇接。例如，一进 Facebook 公司大门，迎面就是满墙的彩色壁画；如果某位员工的办公桌上系着五彩的气球，就意味着该员工为公司服务了若干年。如果你去拜访维珍航空公司，还没走到接待前台就能听到摇滚乐。如果踏入宝马公司那独一无二的圆筒形总部大楼，你可以选择穿过他们未来主义设计风格的博物馆——"宝马世界"。

这些事物固然具有魅力，但它们只是某种企业文化的可见特征，而非其核心，即只是企业文化的冰山一角。企业文化的本质部分通常掩藏在水下，深不可见。企业文化引导着人们的认知、思考、情感、行为，但唯有

行为是可见的、在水面之上的。人们的认知、思考、情感通常被隐藏了，人们顶多只能模糊地意识到它们的存在。

较之水面上的可见文化要素，辨别不可见文化要素会困难许多。不可见文化要素包括价值观、态度、动机、感知、信条、个性等，要定义这些概念，通常需要引入其他概念，而且也未必能把它们弄清楚。专家也许能够将它们一一区分，但在现实的企业中，它们早已融为一体。在管理层的资格考试、培训课程中，这些概念反复被提及，人们却只是勉强接受，仍对这些企业文化要素存有困惑。而当企业文化影响了某个极具客观性、逻辑性的工作计划时，管理层会惊讶于企业文化的影响力。但是，他们在日常工作中依旧将其抛之脑后。

就像辨别水下的物体一样，认知文化的不可见层面，最多只能模糊地认知其轮廓，人们倾向于流于肤浅的表面。但人们又从不否认不可见文化要素对于企业成功的重要意义，尤其当它们在具体案例中忽然清晰可辨时：共同商定的战略为何不能被贯彻？什么样的理念在引导着我们的客户服务？员工是否将"快速、彻底"奉为更高价值观？员工如何认知变化的发生？员工对待竞争对手是何种态度？是什么样的动机驱使员工全身心寻求成功、创新？

所有立于冰山之巅的可见文化要素，其根源无不藏于深处。因而，若要洞察企业文化，就必须潜入深深的水底，找到引导员工行为的最强大的驱动力量。

言与行

在企业研究工作中，我很快意识到一点：对于所有这些可见的现象，不能不假思索地信以为真。被大力宣传的行为是可见的，如某个精心制定的战略，而它仅仅是制定者对于将来做法的意愿。战略计划无非反映了某个战略已被制定；至于将来到底发生什么，时间自然会证明。我见识了太多的战略制定流程，虽然制定的战略被大家一致叫好，可是有人还没走出会议室对它就满怀疑窦。不少战略的走向，早晚都会像俗语说的那样："文化能把战略当早餐吃。"[①] 费了九牛二虎之力制定出的战略，却轻易地被文化当成早餐下肚，这是事实。团队的共识其实是肤浅的，那些极难把握的、藏在水下的文化要素总来捣乱，使得良好的目标烟消云散，期待发生的却无法发生。

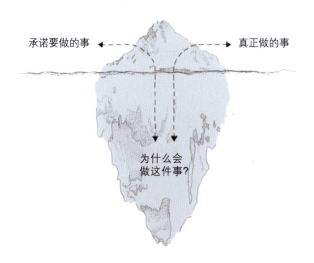

承诺要做的事 ←- - - →　　　　　 →- - - → 真正做的事

为什么会
做这件事？

与此类似，一些企业在员工手册中大肆宣扬其核心价值观，却并不见得能将其与员工的实际行为相结合。安然公司破产前夕还高举着"尊重、正直、传播、优质"这四大企业核心价值观。债权人与法庭发现，这四大

① "文化能把战略当早餐吃"，是硅谷流行的一句话，意思是忽视企业文化可直接导致失败。

价值观虽然在它的年度报告、公司手册中随处可见，却没有体现于其实际运作中。

▎文化——在哪里

吉尔特·霍夫斯泰德作为文化研究的先驱者，将文化定义为"一种对精神进行集体编程，从而使得一个团体、范畴中的成员与其他成员区别开来的手段"。不得不说，用"范畴"这个概念来形容人类显然不合适，但现实中也有这类案例，一群人所组成的一个范畴未必以团队的形式出现。无论如何，可以肯定的是：人与人发生互动时必定产生文化；随着价值观的不断扩展，这种"在精神上被进行了相似编程的人群范畴"就应运而生。同一个企业内的人进行频繁的互动，就形成了企业文化。将企业再细分，同一个部门中的人的互动尤其频繁，因此某种强大的部门文化也不罕见。还可以推演到诸如等级层次、地区分部、产品侧重等范畴。

为了精准描述在企业中产生的各种文化，我们创建了"文化图谱"。首先需要定义一个"焦点系统"（详见第 3 章），它可以是整个企业，也可以是企业的一部分，甚至可以是某个情境，如创新（创新文化）、领导（领导文化）、会议（会议文化）等。

在你继续往下读之前，请用批判的眼光审视一下你的企业文化或部门文化。想象某个"焦点系统"，按照下表中的陈述做出相应评价：哪些陈述最符合你的企业或部门的现状，哪些最不符合？你出自本能的评估将成为在阅读过程中帮你完成你企业的文化图谱的重要基石。

	完全不符合	基本不符合	部分符合	基本符合	完全符合
我们的工作对这个世界有益	○	○	○	○	○
我们视野开阔，有全局观	○	○	○	○	○
我们不断寻找新机会，追求进步	○	○	○	○	○
我们进行缜密分析，渴望洞察一切	○	○	○	○	○
我们关注每个员工的意见与需求	○	○	○	○	○
同事相处得像朋友	○	○	○	○	○
我们永远追求胜利，做得比别人更好	○	○	○	○	○
我们脚踏实地，寻找达到目的的最佳途径	○	○	○	○	○
我们严格遵守等级制度与规定的流程	○	○	○	○	○
我们这里基本上什么事情都有章可循	○	○	○	○	○
我们的矛盾被公开讨论	○	○	○	○	○
我们行动迅速、大胆	○	○	○	○	○
我们首先依据已有的经验行事	○	○	○	○	○
我们是一个团结一致的集体	○	○	○	○	○

文化图谱简述

前文说到，藏在水面下的、庞大的、复杂的不可见文化要素对企业文化起着决定性作用，要把握它们是相当困难的——也许正因如此，它们

隐藏在背后左右着企业员工的行为，企业文化的可见面貌是它们的逻辑性结果。

因此，厘清这些重要却含混不清的概念，就成了我的企业文化研究工作的核心目标。我立志创建一种能用来描述这座冰山的整体形态的语言。我本人是个"视觉人"[①]，所以这种语言也应当是视觉化的。图像的记忆效果极佳，好的视觉效果会让人记忆深刻；白纸黑字往往更有分量。

文化图谱的产生就基于这些想法。在调研工作中，我邂逅了美国心理学家克莱尔·W. 格瑞乌斯的学说以及相关的引申理论（详见第 3 章）。牛顿曾经说过，他之所以能看得远，是因为他站在巨人的肩膀上。文化图谱也是同理。它得益于伟大学者的辉煌思想，而我又花费数年光阴将这些思想整合、补充，最终形成"企业文化"这个主题。同时我又能荣幸地与不同企业合作，以咨询顾问的身份与著名集团公司、隐形冠军，甚至与小型家族企业并肩作战，不断认识新的企业文化。我对企业文化的浓厚兴趣，引导着我从奥地利传统企业走向美国咨询公司，从瑞士走到中国、日本、韩国，途经哥伦比亚大学，最后止步于纽约的科学之家，与他们建立了友好的合作关系。上述所有经历，无不影响着我的企业文化观点。文化图谱是这些职业经验、学术经验的结晶，它固然具有科学性，但只有运用于实践中，才能真正焕发生机。

文化图谱将冰山模式视觉化，不仅诠释了可见的文化要素，还剖析了不可见的文化要素。针对那些通常只能含糊表达的概念，文化图谱为读者

---

① "视觉人"，即对视觉记忆很敏感的人。

提供了一种可以清楚表达的语言、一张明晰的词汇表。如果某次会议的时间太长，文化图谱会告诉你会议时间过长的原因是蓝色的还是绿色的；如果员工流动过于频繁，它会告诉你其中症结是橙色的还是黄色的。文化图谱帮助你从根本上解决问题，而非治标不治本。

　　文化图谱的七个色块各自代表七种文化模因（详见第 2 章）。该文化图谱基于企业文化的研究成果而形成，企业文化从紫色过渡到水蓝色的过程中，针对各种挑战的解决方法也越来越复杂。集体主义的、稳定性的模因集中在右侧，个人主义的、推动性的模因则在左侧，两者互相影响。

　　首先要指出一点：企业文化是五彩缤纷的！任何一种文化都不可能以单一颜色的形式出现，每个企业、部门、团队中都包含七种色彩（见下图）。

个人主义的、
推动性的模因

集体主义的、
稳定性的模因

水蓝色模因将世界视为复杂有机体组成的系统。成员认为自身工作是有意义的，相信通过自己的工作能够把这个世界变得更好

知识、好奇对黄色模因影响最大。成员重视自由思维、批判性讨论、发现新事物的可能性，提出论据时遵循逻辑、理性。决策时依据细节、知识与事实

绿色模因能创造一种舒适、和谐的气氛，以人为核心。成员互相关怀、共同决策、避免矛盾

竞争、成就对橙色模因的影响最大，成员追求对个人成就的肯定，思维讲究策略性，能够抓住机遇，找到达到目的的最佳途径

蓝色模因的核心是秩序、规则、组织结构，注重可靠性、持续性。成员凭借责任感、耐心完成任务，等级制度决定职位、岗位职责

红色模因将世界视为丛林，最强者以勇气、斗争精神胜出。决策凭本能、直觉，行动果断、迅速。威望基于权势

紫色模因代表派系，为它们的成员提供安全感与认同感。成员忠于团体，信任自己所属的共同体以及家长式领导。决策多取决于经验

　　你也可以将这些彩色的六边形视为工具箱里的七个抽屉：红色抽屉里装着红色工具，蓝色抽屉里装着蓝色工具，依此类推。你的企业可以随意地从任何抽屉中拿出任何工具使用，所有抽屉都敞开来供你选择。尽管如此，某些抽屉里的工具的使用频率总会高过其他抽屉的工具：一旦用惯了红色抽屉中的红色工具，就会频繁地使用。

各种组织会发展出各自的惯用模式。比如，对于矛盾，绿色组织的典型做法是避免，橙色组织务实地绕开，红色组织则直面相迎，而紫色组织会由"大家长"出面一锤定音。理论上所有色块都可以根据具体问题进行针对性的使用，可企业一旦遇到问题，还是会采取惯用的方法。于是，不同大小的七色六边形便组成了文化图谱，能帮助洞察企业文化的本质。下图代表了两种典型的文化图谱，它们有其各自的优势，但哪种文化图谱更能帮助企业获得成功，则需要参考具体企业的状态。

这种组织主要推崇绿色模因、蓝色模因的价值观，这代表明确的规则与内部结构、和谐的合作关系。与其说该组织有活力，不如说它稳定，从右边的模因明显占优势就可见一斑。

该组织人员流动率较低，成员工作认真、可靠，职业前途需要长期规划，如要实现跨越式上升，则工龄长短比个人业绩甚至自我主动性更为重要。组织的求变心理预期不高，既定的结构与习惯根深蒂固，任何对现存状态具有干扰性的突发奇想、直接矛盾会被扼制

在这种组织中，橙色模因的激情与红色模因的斗志并肩作战。个人的成功和职业前景对于成员非常重要。成员喜欢主动出击，在通往成功的道路上不屈不挠，不惧怕矛盾和冲突。

在这种充满个人主义色彩的组织中，矛盾和冲突是家常便饭，蓝色模因作为黏合剂能协调个体行为。但这种蓝色模因受到两方面的压力：一方面，受橙色模因影响，规章制度容易被宽松地诠释；另一方面，受红色模因影响，会激烈地对任何限制行为进行反抗。

这种组织也许活力十足、反应迅速，但它同样面临一个棘手的难题：如何将个体的动机与整体规划联系起来。因为日常工作中有颇多摩擦，人与人之间的关系往往被忽视、破坏

第 **2** 章

企业是个有机体

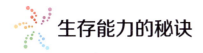 生存能力的秘诀

美国零售巨头沃马特、中国天然气石油巨头中国石化，这些公司的雇员都超过了 100 万名，它们都是最庞大的人类组织的代表。当今世界有各类组织，几乎没有人只为自己工作，包围我们生活的种种，几乎都是某个或多个组织的产物。哪怕让一个苹果在超市上架，也涉及了多个组织，不仅有果农和超市，还有种子企业、果肥企业、运输企业、广告公司、包装材料制造企业等。但并不是一开始就如此的。除国家机构之外的其他组织形式，在 19 世纪工业革命后才开始遍地开花。在此之前，农民、手工业者、商人的生产活动仅限于家庭，如有必要，也会雇用少许劳动力。我们所熟悉的现代组织的数量、规模、彼此渗透的状况，在当时根本无法想象。

某些企业初看非常具有生命力。但事实上，庞大的企业名录上有许多来去匆匆的过客，单个企业很容易从名录上消失。《福布斯》创刊于 1917 年，每年都会公布该年度财富排名前 100 位的美国公司的名单；80 年后，该杂志最早报道的 100 强企业中，只有 15 家幸存下来。第 85 位"阵亡"者是柯达——在我小时候，它是如雷贯耳、无处不在的企业。

请回忆一下：你过去的面包、服装是在哪里买的？你是否有经常消费的产品？如果相关的组织依然存在，它们多半经历了巨大的变革。物流企业怀斯兄弟就是一个例子。它的历史可以追溯到 14 世纪，以信差业务在当时的博登湖地区起家。如今该企业已经在全球拥有 150 个办公地点，提供复杂的物流解决方案。可以这么说，该企业在过去 500 年间所经历的翻天覆地的变化，与其存在的世界所经历的变化并无二致。多年以来，它一

直拥有强大的生存能力，能随时调整并适应周围世界提出的新课题，从博登湖航运、关口驿道的信差服务，到要求抵达上海的运输服务。

适应周边环境

某些企业消失了，某些企业却代代相传、屹立不倒。40多亿年以来，大自然的发展一直遵循着"适者生存"的法则。遗憾的是，这个法则经常被误解为"强者生存"。此处强调的是"适应"的"适"。步氏巨猿最大能有3米高、300余公斤重，可见它绝非不"强大"，却还是在大约10万年前灭绝了。其余类人猿如果与它直面冲突，也许会吃大亏，然而"弱"者却适应了周边环境并幸存下来。水母作为一个存在了6亿余年的物种，它的主要成分是水，没有强壮的肌肉可以夸耀，但它拥有生存所需要的优势：它的有机结构符合周边环境的要求。

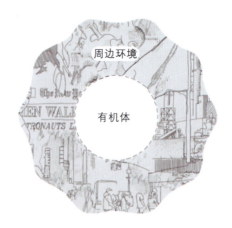

由此可见，进化史中的"适者生存"的竞赛并非一对一的拳击比赛，而是一种不断持续的发展过程，其目的是在一个复杂的、动态的环境中保持自身的生存能力。一般而言，自然选择规律会优先挑选竞争最少的道路，

为此，有机生物便会选择一种相应的生存空间，以最大限度地避开竞争对手。假设在一片鲜花盛开的草地上，所有植物都在同一地点寻找食物，那么它们肯定不能和平共存。因此，它们的根系到达的土壤深度不尽相同。企业的努力也是同理，应尽量通过独特卖点而达到没有竞争对手的状态。

受到达尔文主义的影响，人们往往高估竞争对手的意义，却忽视另一个生存要点：合作。

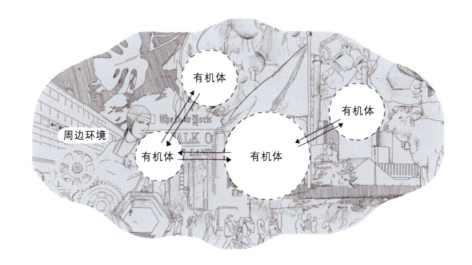

现代进化生物学更强调大自然中的共生现象：超过半数的生物生活在共生关系中。人们也把这一现象称为共同进化，指的是生物的首要目的并非彼此毁灭，而是生存。即便发展到今日，如果离开合作，根本无法想象这个人类组织的大场景是何等景象。所有企业都以某种方式与其他企业合作，例如，空客 A380 的腾空，是来自 30 个国家的约 1 500 家企业的合作结果。

无论是大自然中的有机体，还是现代社会组织，都需要延续自我生命，面对的都是生机勃勃、不断发展的周边环境。

周边环境在不断演变，其中哪些方面对企业真正重要呢？这要视企业的具体情况而定。例如，油价波动对所有企业的影响并不相同；互联网的迅猛发展，对杂志社、出版社带来的冲击远远大于对理发师的。而出行服务公司优步的例子又生动地说明，某些新事物在当今这个互联世界中能快速地实现跨界、跨行业的发展。几年前的出租车公司大概做梦也想不到，某个来自加利福尼亚的大数据计算方法会直接威胁到自己的生存。

所以，即便某个企业找到了最适应环境的生存方式，那也只是暂时的。适应已经成为长期任务，变通能力则是其基本前提。汉莎航空公司也好，麦当劳也罢，它们都已经不是若干年前的那家公司。汉莎航空公司针对当下自由化市场的新现实推出了网上订票系统，为对价格敏感的消费者设计了更狭窄的座位，并且由此设立了廉价航空子公司。麦当劳不仅供应快餐，还推出了麦当劳咖啡馆以吸引需要休闲的慢客。它们不只改变了其所供应的产品，更改变了企业的自我认知，即如何才能在一个快速变化的市场中立于不败之地。

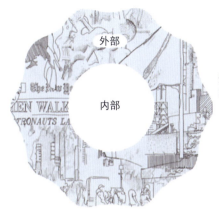

"如果外部改变的速度超过内部改变的速度，那么结局已经看得见了。"

——通用电气总裁
杰克·韦尔奇

　　企业除了努力适应周边环境的新状况，还有一种选择：通过创新来影响周边环境，从而达到暂时的、独一无二的"适应"。成功的创新能够改变环境，或者改变部分环境。红牛饮料的创始人迪特里希·马特希兹在创办他的能量饮料企业时，知道当时并没有能量饮料的市场，但他深信红牛能够创造这种市场。事实也正如他所料。

　　星巴克也改变了它的成长环境。我至今还记得20世纪90年代初我去美国的时候，几乎不可能喝到好咖啡，当时的美国人对在上班途中享受一杯卡布奇诺也没有奢望。如今的情况完全变了，星巴克的咖啡已经成了美国文化中不可或缺的组成部分。星巴克也影响了欧洲人喝咖啡的习惯。欧洲的浓缩咖啡爱好者们自视极高，要他们从盖上塑料盖的纸杯中喝咖啡，几乎一直被视为不可理喻的事。中国的星巴克店也越来越多，要知道这是一个长期"咖啡真空"的国家！星巴克如今能处在一个对咖啡充满善意的环境中，绝非偶然。这个环境是被它创造出来的。星巴克成功创造了一个有利于自身的周边环境，并在其中获得了成功，也就是具有生存能力。

　　每一种产品、服务都蕴含着改变客户行为和企业周边环境的潜能，这

种潜能与企业的规模无关。任何一家企业都能通过变革适应环境、通过创新影响环境，从而确保自己的生存。在实践中，这两个方面通常很难区分，几乎不可能只有一种形式单独存在，因为创新必然带来内部的变革，而内部变革又以改善企业的周边环境为目的。

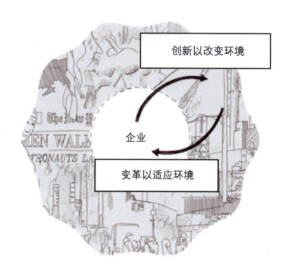

操纵综合系统

随着时代的前进，令企业保持生存能力的方案也发生了巨大变化。

请设想你是 1910 年前后的某个早期工业组织的领导者，你必须带领 100 个几乎毫无技能的员工生产一种机械产品——假定是留声机。你也许对弗雷德里克·泰勒的某些方案比较熟悉，你的生产厂家的构想也依据于此；或者你听说过亨利·福特建立汽车生产工厂的故事。总之，你的目标是要选定最优的生产方式，以具有竞争力的价格制造高质量的产品。你把主要精力放在协调生产工人上，因为质量与效率是决定成败的关键。生产流程越流畅，业绩就越显著。因此你竭尽全力保证你的企业正常运转。当时的管理理念对你帮助极大，比如，将一个复杂的任务分解成许多小的生产步骤，从而实现工人的专业分工。

现在请你向前跨进 50 年，设想这个留声机工厂早已无声无息地消失，而管理风格、组织风格都已经发展到了新阶段。高效协调管理生产工人、确保他们准确完成交予的工作任务，这已经远远不够。挑战越来越难，工人的工资也水涨船高。于是，你的企业开始实施领导管理方案，大幅度超越了弗雷德里克·泰勒仅限于协调工作步骤的方法。你对企业管理人员的要求也早就不限于对流程的监控，他们还需要承担责任，率领员工、企业走向新的高度。

今天我们能观察到一个新的发展趋势。很多企业都发现，之前被它们证明有效的组织方案渐渐失效，已经不能满足企业内外不断新生的综合系统的要求。与复杂系统、简单系统相比，综合系统具有完全不同的特征。

 　　简单系统：就像一个开关。简单系统根据几个单一的因果关系运行，变量之间的关系不仅清楚明了，而且具有稳定的线性特征：木榔头轻轻一击，只能把钉子略略敲进木头；一次重击的效果就相应明显很多

 　　复杂系统：就像一个钟表的表芯。复杂系统固然也涉及明确的线性因果关系，但是这种关系的数量庞大，就像一块机械表的表芯有无数个部件，所以它的情况就复杂得多，只有受过专业训练的钟表师才能够了解所有功能的运行，外行人难以做到

 　　综合系统：就像一个有机体。综合系统在某种程度上是不透明的，其行为并非随时能够看懂，也不能轻易预见，因为它其中的单独要素、要素之间的关联会随着时间发生变化。某个要素的行为往往不只有一个原因，而是多个。这些原因本身也处于动态中。同时，综合系统是开放的，与其周边环境互相影响，单凭某个独立的即时状态很难推测未来走向。例如，尽管我们建立了数千个监测点，掌握了数以百万计的数据，能测出大批变量，我们还是不能精准预测几个月后的天气状况

可以这么说，综合系统虽然看不清楚，但是其运作并非一团混乱。社会制度和企业都属于此列。例如，某个员工的行为并不只取决于一个因素，而是受到多个因素的影响：他与他领导的关系、薪资制度等内部因素。

各个因素彼此互相关联。企业外部发生的事件会影响员工的工作行为，大到宏观经济格局，小到私人生活感受。

企业面临的课题的综合性已经达到何等程度？彼得·德鲁克对此做了分析。他作为 20 世纪最伟大的管理学家之一，在 21 世纪初为我们描述了过去很长时期内可行的、在新世纪中将面临严峻挑战的管理方式。

德鲁克认为，从前的一切有章可循、有条不紊，竞争总产生于同一个行业的内部，每种产品都有独特的用途，每个需求也都有相应的产品：服装无一例外由棉花制成，而非人造纤维；资本来自银行，而非天使投资者；电话的唯一功能就是通话。我们能很快弄清楚某家企业所从事的行业，谁是竞争对手。雇用的员工必须根据其工作岗位接受针对性培训，但是他从培训获取的技能对于其他行业而言无关痛痒。

过 去	现 在

续表

过　去	现　在
组织是"统治者"，员工是"仆人"。组织拥有生产工具，员工依赖组织	最重要的生产工具是知识，员工拥有知识，将它提供给组织。员工与组织彼此依赖
大多数员工一生为一个组织工作，薪资是他们的生活基础	人们为某个组织工作，一生奉献于一个组织的现象越来越少见
某种产品的最有效的生产方式，是将其所必需的工序尽可能组织、统一于同一个组织。例如，福特汽车公司不仅自己生产汽车所有的零部件，就连汽车的钢铁、玻璃、轮胎也是自产。有的汽车生产厂家甚至在亚马孙河流域拥有自己的橡胶树农庄，建立了汽车运输所必需的物流系统	"倾一家之力"已经没有太大的意义，每道工序及相关技术知识都高度细分、专业化，交易费用大幅度降低。组织自发联合，组成综合性网络
供货商与生产厂家对市场有掌控权，因为他们手中掌握着客户所没有的产品信息，客户也不可能获取这些信息	客户掌握信息，或者有能力获取信息，控制权转向客户方。供货商更多的是扮演采购者的角色，而非单纯的出售者
每种技术都有应用的工业领域，每个工业领域都有自己独特的技术	独家技术几乎不再存在。在某个工业领域中成功应用的知识，也可以运用到其他工业领域中去

今天，市场与企业的界限越来越模糊，稳定的系统已被开放的系统取而代之，可以预测需求、按部就班开发市场的时代已经过去。市场一日千里的发展速度，使得预测难上加难。客户已经接过旗帜，在崭新的市场上发号施令。员工不再是纯粹的生产资源，而是用他们的知识与能力定义着企业。具有未来生存能力的现代组织不能再与润滑良好的机器相提并论，它们是综合性的有机体。

企业要在今日取得成功，不能再像以前那样过多依赖于顶层的个别人员。麻省理工学院的企业组织问题专家、畅销书作家彼得·森格一针见血

地指出：“让某个人（无论是福特、斯隆，还是华生）代表整个组织完成学习已经远远不够，那种领导拍板、其他人只需听从伟大的战略专家决策的做法，将来肯定行不通了。”

在如今的企业中，知识与能力被不同的人掌握，他们必须独立自主地做出正确决策、做正确的事，因为人们已经无法事先对一切可能的情况做出正确的判断。哪怕通用的标准、多年累积的经验，在某些情况下也无法奏效。这就意味着管理层与员工可能缺乏准确的、有针对性的指令，而必须立足于企业现实，实事求是地做出回应。

在埃里克·施密特成为谷歌的首席执行官之后，他最爱问的"那么现在有何不同"的问题迅速成为谷歌新的设计规则。他发现除了翻天覆地般的技术变革，市场上的控制权关系也已经改变。"掌控权已经从企业方转向了客户方。企业内部同样如此，个人、小范围的团队，都能对企业产生极大影响。"

于是，施密特开始着手建立一家新时代的新型企业，有意识地为那些"智慧的创造者"设计一种组织结构：它的文化必须对这群人具有足够的吸引力，它应该在这个复杂的世界中发挥应有职能，如通畅的流程、开放的信息系统、透明的决策过程等。

这种高度的综合性对企业的挑战性不仅体现在市场上，也体现在员工上。现代企业不仅要争取客户，还要争取最优秀的员工，而后者的要求变得前所未有的高。看一眼当下的雇主排名榜就能发现，最受欢迎的雇主未必是付酬最高的。雇员在自愿的基础上，用自己的技能为企业提供服务。最好的雇员会选择那些具有良好文化的企业。很多时候，工作的意义、自主性、发展潜力所能激发的动力丝毫不亚于高薪；同样，诚信、可持续性、工作与私人生活的平衡在雇员选择雇主时具有决定性意义。例如，以前大概不会有人敢在应聘面试时，打听关于带薪假期方面的信息。

企业文化设计

最近数十年来，对于企业的组织结构的要求已经产生了巨大变化，尤其体现在两个方面：对企业职能和员工的要求同步提高；两者都在呼唤有针对性的企业文化设计。

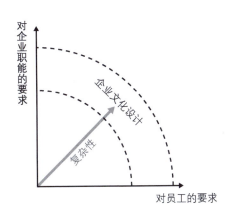

一家现代企业，它最核心的能力应该针对外部的复杂性设定，唯有如此，企业才能适应周边环境，甚至改变周边环境。企业只要愿意，并且主动出击，就有能力寻找新的解决方案，有能力自主把控行为。而企业文化在其中起着关键作用。如果说，企业从前着眼于工作与流程的优化、对员工的领导，那么今天必须着重建立一种帮助"企业有机体"维持生存能力的企业文化。企业文化的职责在于帮助企业认知、感觉、思考、行动，它比以往任何时刻都重要，能够决定企业是否能够有效运行，是否有能力将员工凝聚起来，是否能将企业不断推向前进。

优秀的设计应当秉承其职能并触动人心，这在产品设计、平面设计上并不鲜见。"设计不仅仅关注视觉和感觉，设计更关注工作方式！"这是乔布斯的座右铭，他把职能性视为设计中的核心要求。"设计应当直击人心！"这是我叔叔斯蒂芬的格言，他从事平面设计。他教会我一点：好的设计必须能打动人。同样，企业文化设计也应当为职能性服务、为人服务。因此，我强调不要将企业当作机械组合，而是把它看成有生命的有机体。企业文化是该有机体的心灵、理性与灵魂。

企业文化设计意味着认识某家企业的文化图谱，并对它进行有意识的塑造。

- 使得企业文化图谱可见，认知该文化图谱的运行方式。如此，所有找不到问题根源的现象，将变得可以解释：为什么某个战略策划实施起来困难重重？为什么某个部门冲突不断，而隔壁的部门安然无事？创新的真正动力是什么？

- 对企业的文化图谱进行有意识的塑造，能够帮助管理层应对当下的各种复杂挑战。企业虽然处在一个几乎无法预测的世界，但完全可以早早筹划：是以结构分明的蓝色模因，还是以脚踏实地的橙色模因应对外部挑战？另外，对企业文化图谱的认知也能帮助发现某种模因的优势并对此加以充分利用。例如，在引入新产品时，红色模因的速度无疑是个极大优势。

- 通过企业文化设计，企业能够有意识地把某些模因引入一些特定场景，从而提高自身生存能力与成功概率。在创新过程中，在哪个环节强调黄色模因的创造力、绿色模因的团队共识或蓝色模因的结构性，这在某种程度上是可以计划的。

- 通过企业文化设计，诸如战略、管理、组织结构等话题不再只是空谈，它们将在企业文化中获得生命力，焕发无比活力。

当然，简单的"设计开关"是不存在的。企业文化设计者不是机修师，更像景观设计师。企业文化设计类似于开发某块土地。实际情况往往是：不管园丁介入与否，园圃都会发展；因为每个园圃自身有生命力。景观设计师无法规定植物的生长期，但他可以人为地促进它们生长，从而有意识地控制园圃的发展。例如，他可以保证充足的光线与供水，将园圃分割或者规整，借此协调植物间的相互影响。他也可以在一处或多处进行修剪、除草等。

一个好的景观设计师，肯定是把园圃的整体发展作为目的的。他的注意力有时会集中在园圃某个角落，但他深知自己的努力是为了园圃景观的整体效果。他明白各种要素会对彼此产生影响，比如某些植物长得高，它就会挡住矮小的植物的阳光。同时，外部因素也会对园圃的发展产生影响，比如气候就是一个动态多变的周边环境，有时风会把其他种类的植物种子带进园圃，对现有植物造成影响。

请不要误解，企业文化设计并不能替代管理与领导。它更着重于有效地帮助实施管理方案、领导方案。因为唯有正确认识了企业的文化图谱后，才能找到问题的根源，对症下药。

组织要素的动态发展

组织的产生并非偶然。人类着眼于某种目的，才将自身组织起来。因此，在任何一个社会组织中都能概括出目标、人群、组织结构这些基本要素，

而人群一旦发生互动，作为第四个要素的"文化"就应运而生。

这种组织有机体是如何运作的呢？可以以一个简单的例子说明。两个少年在街头摆了个汽水摊，打算在炎热的夏日售卖自制的柠檬汽水。促使他们这么做的理由是，他们深信一杯冰饮料会令在酷暑中来往的行人喜出望外。两个少年就是人，他们的行为遵循某个简单的组织结构：尽量多在

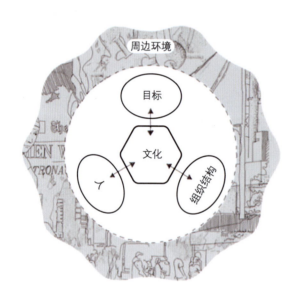

一起做事，平分利润。自然，他们对这个汽水买卖的文化不会多加考虑；但是通过他们的互动，该文化就会自动生成。他们交流彼此的看法、价值观、信条，互助互学，于是某些不言而喻的东西、某些习惯随之产生，影响着汽水摊的运作。例如，此时会生成一种信任文化，双方都相信在自己去取柠檬时，对方不会侵吞收入。

过不了多久，两位青年企业家便会为他们的组织增添些许管理要素。他们这么聪明，自然会想出一个战略：汽水摊的位置应该尽量靠近街口，作为原料的柠檬最好在折扣超市里购买。至此，他们把原本松散的合作结构变成了精心塑造的组织形式：一个人负责榨柠檬汁，另一个人负责叫卖。尽管他们之间没有传统的上下级关系，他们的行为还是受到某些领导要素的影响：他们彼此领导，管理自己，有明确的目标，并协调着合作关系。

这种对于有机体的观察方式适用于任何组织，无论是初创公司，还是小公司、大集团；无论是一个部门，还是整个组织。人、目标、组织结构作为组织的基本要素，存在于所有组织。文化产生于其中，并决定组织的认知、感觉、思考、行为。简而言之，文化决定了组织的运作。而战略、组织、领导作为管理要素，则帮助操纵组织的走向。然而，这些管理要素也不等于简单的操纵杆，因为在组织的复杂系统中，没有任何单一原因的关系。从某种意义上说，所有事物都是息息相关的；战略、领导、组织也在彼此影响中。而整个架构的核心便是文化，它决定性地照射着上述三个维度。

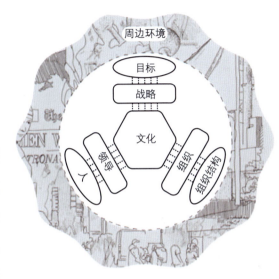

战略与目标

显而易见，企业战略不能游离于企业目标之外：目标为企业指出前进的方向，战略则描绘通往目标的道路。是否能够达到目标，战略起着至关重要的作用。但是战略如果不被文化接纳，即便它再完美，也不过是纸上谈兵。想要让精心制定的战略具有生命力，就应该把它贯穿在文化中，让它牢牢扎根于文化。因此，良好的战略部署总是与文化的发展携手并进。

同时，现有的企业文化也会影响战略的制定。在强势的黄色模因中，战略的制定主要基于分析、方案；紫色模因中的战略则偏重企业领导的直觉；水蓝色模因的战略具有开放性、长期性的特点；橙色模因的战略实用性强、目的明确。你应该已经注意到：要提高对自身文化的认识，恰当地利用文化的力量制定客观的、逻辑强的战略。

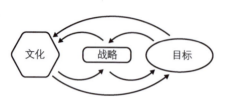

企业所追求的目标也与企业文化息息相关。某些企业文化能够迅速遵循新的目标，另一些企业文化则固守传统的目标，罔顾其已经不适用于市场的现实。此中同样存在一种互相影响的关系，因为目标的设立固然受到企业文化的影响，但它也是对企业文化影响最大的几个元素之一。

❘ 对人的管理

人、领导、文化这三个维度，也呈现出一种类似的互相影响的复杂关系：人影响文化，文化反过来影响人。毫无疑问，文化总是取决于组成它的人。因此，聘用过程、职位配置对企业文化的发展也至关重要。

领导层当然是企业最重要的"文化铸造者"。员工在企业中的行为并不是从五花八门的企业宣传册中学来的，而是来自他们的领导者的日常举止。对于员工而言，领导者的行为无疑体现了本企业"所想所愿的行为"，他们会有意无意地对其进行效仿（详见第 2 章）。例如，当黄色模因、橙色模因的领导者出于自身的需求而总是在开会时迟到，那么，蓝色模因的严肃的会议纪律往往很难执行。

同时，企业文化也决定了企业所能吸引、接纳的人群类型，以及哪类人可以成为其领导者。企业往往倾向于聘用外部的明星人物担任关键职位，认为这是实施新战略、解决现有企业文化问题的办法。但是现实往往没

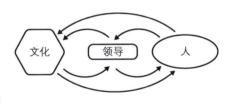

么简单。我个人接触过一些企业，有为了发展自己的网店而从谷歌挖来人才的，有从苹果聘请业界名人执掌市场营销部门的，可最终的结果是，明星们都在短时间后离岗，因为无论是他们自身还是他们的理念，都未能被组织接纳。他们也许具有超凡的专业技能，却无法适应现有的企业文化；而企业员工又会更进一步确信，外来者"的确不能融入本企业"。

作为文化的影响因素的领导，并不单指领导层，还包括所有能操纵企业行为的管理制度：薪资制度、工作时间制度、财会制度、员工业绩评估制度、上升可能性等。这些因素都能影响企业文化，也是企业文化的产物。

组织结构

组织结构有各种规范，从职位要求、工作时间模式，到企业经营范围、各部门划分、全球化协调机制等。各种规范定义的建设性组织工作、流程性组织工作，勾勒出企业的前进方向，并引导着个体的行为；就连某些看似细小的组织细节也在塑造着文化，例如，员工是在大通间还是在单个的小格子间里工作。

企业的这类规范，对组织的运作既有限制性，又有促进作用。当某个企业规定员工在岗时间为周一至周四的 10:00—16:30 时，在这段时间内找到其员工的可能性就相当大，这大大提高了可靠性、计划性，位于文化图

谱中右半部分的集体主义者无疑起了强化作用。而它的限制性也很明显：只能周五在家上班，位于文化图谱左半部分的自由主义者对此不会非常欣喜。

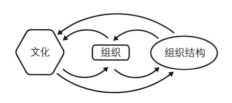

前文提到过"文化能把战略当早餐吃"，我们也可以以此类推，加上一句"文化能把组织结构当午餐吃"。文化决定了人们对组织结构的体验。组织结构重组与战略的改变一样，并不是书面决议形成之后，就能自动变成事实；要实现它，就必须让它在文化中落地生根。

▎深层次的基本假设

还记得第 1 章中提到的冰山模型吗？组织要素也能放置在该模型中：水面上展现的是组织的可见要素，即目标、组织结构、人。关于企业走向的共识，在水面下隐约可见；隐藏在最深处的、不可见的，则是文化的基本假设与态度。

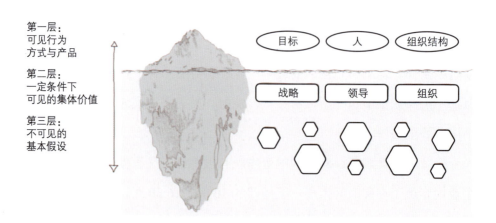

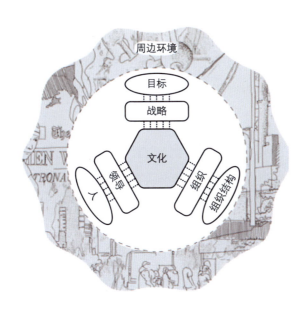

埋德加·沙因是企业文化的先锋人物，他对文化的三个层次做了详细描述，也阐述了不可见的基本假设对上面两个层次的影响方式。谁想在水面上达到某种效果，就必须潜入深处去发现、改造真正的根源。作为著名的首席执行官，路易斯·郭士纳也持有同样的观点。他在 20 世纪 90 年代初接掌了 IBM，当时这个计算机行业的巨头已经面临绝境，大电脑的时代已经过去，这个企业的核心竞争优势已经过时。许多专家认为，分割这个庞大帝国是唯一可行的解决办法。他们的论据是，这样至少能够保全该企业的零散部分。但郭士纳有他自己的计划。他开始着手改组这个曾光芒四射的、被荣誉宠坏的、步履蹒跚的巨人，这些改革无疑是痛苦的。他制定了新的战略，重组了组织结构，更换了管理班子……所有这些措施都指向一个目标——改变企业文化。多年后，郭士纳在他的《谁说大象不能跳舞》一书中写道："我可以这么说，在我的 IBM 时代，企业文化不仅是博弈的一个方面。它就是博弈本身！"

文化在组织中处于核心地位，与其他各功能要素紧密相连、相互影响。因此，企业文化能在企业中发挥作用，包括所有部门、团队。企业文化的力量能辐射到企业的所有领域。如果它被冷落，其后果就会在形态各异的场所爆发出来。

组织的核心中有着怎样的文化，这不是偶然的结果。但是唯有那些懂得文化为何物、懂得它的发展规律的人，才能有意识地建构它。

 ## 文化是人类竞争优势的体现

只需一瞥人类的基因，自傲的人类就会清醒：人与黑猩猩的基因的相同之处，多于黑猩猩与其他猿类的相同之处。当然，科学也证实了人类在某些方面是独一无二的：我们区别于动物。进化生物学专家、牛津大学教授理查德·多金斯一语道破："有什么能证明我们这个物种独一无二的好理由？我想是有的！人类的独特之处可以用一个词归纳——文化！"当然，人类的生理机能与其他物种比起来没有太大优势：不够强壮，也跑不快，还不会飞行。我们不比家里养的猫，我们从楼梯上摔下来会骨折。但是，楼梯是我们发明的，猫也是我们养的！我们能针对问题提出创造性的解决方法，这种能力成倍地弥补了我们与其他物种相比的竞争劣势。人类的这种能力令乔布斯心迷神醉，他在一次接受采访时说：

"我曾经看过《美国科学》中的一篇文章，它对不同生物的运动效率进行了评判，如熊、黑猩猩、鸟、鱼等，计算它们每前进一公里需要消耗的卡路里，也计算了人类的。最后的赢家是南美兀鹫，它的运动效率最高，而人类的排名并不靠前。后来某人突发奇想，把骑自行车的人也纳入评判范围，结果是人竟然把兀鹫抛在了后面！而且差距极大！……我们人类能够通过创造工具弥补我们天生能力的不足。这令人瞠目结舌。"

人能够创造工具，这是我们真正的优势。我们也许不是运动最快的、最高大的、最强壮的，但我们是了不起的难题解决者。

基本上，我们可以将物种按照其解决问题的方式分成四级。前面两个等级的解决方法源自基因、记忆，在动物世界相当广泛。第 3 和第 4 等级分别能够建立假设、找到解决方法，这在动物世界很少见，即便有，与人类的工作相比也显得微不足道。某个人一旦解决了某个问题，那么该解决方法不仅为他个人所用，而是成为整个人类发展的组成部分。其他人可以以此为基础，发展出自己的新点子。

几十万年以来，人类文明能够从一个理念发展到下一个理念，每个解决方法都是下一个解决方法的基础。只要这么想，就能清楚地看到我们与其他生物的区别。它们也许更强壮、更高大，但是大自然赋予了我们更智慧的大脑。智慧的大脑，令文化成为可能。

等级	起因	
1	基因	**解决方法是天生的** 怎么做才能使得眼角膜保持潮湿、干净呢？你大概从未考虑过这个问题吧！只要每分钟眨眼大约 25 次就行。每一次眨眼时，眼皮会自行分泌泪液。针对"眼睛发干"这个问题，人类的进化进程已经将对应的解决方法牢牢植入我们的神经系统

续表

等 级	起 因	
2	记忆	**解决方法源自经验** 如果曾被极烫的烤箱板灼痛过手指，我们就会把此类体验在记忆中存储下来，将它作为未来行为的基础。我们具有学习能力
3	理解力	**解决方法源自假设** 人不必什么都尝试，"滚烫的烤箱板会灼痛手指"，这个假设足以保护我们不受伤。而我们只要对这个情境反复推测，就能找到问题的解决方法：拿一个冬天戴的手套做样板，发明烤箱手套！理解力带领我们找到了新的解决方法
4	文化	**解决方法源自解决方法** 你从何得知系鞋带的方法？这应该不是你的点子，而是父母的言传身教。那些方便了我们生活的绝大多数解决方法，都是以前人的解决方法为基础的。 人类有一个显而易见的优势，即能够通过他人的解决方法找到新的解决方法，无论是通过询问、观察、阅读还是无意间听说。由此，我们的行为也是建立在他人的经验之上的，自己无须重复这种经验。我们能够交流感想并将它们任意组合。我们也的确这么做了

生物与文化

每个人都内含生物的部分和文化的部分。生物部分基于一个固定的基因组合，但文化部分的基本单位是动态的，这种单位被称作"模因"。

"模因"这个概念首次出现在 20 世纪 70 年代出版的理查德·道金斯所

著《自私的基因》一书中。在他看来，人类的
进化无法单纯用基因来解释；他虽然把基因视
为生物进化进程中的复印机，却仍深感缺失一
个针对人类文化进化的概念。他引用了希腊文
中的"Mimeme"一词，该词大致可以译为"模
仿"，被他引申为"模因"。这个词妙在听起
来跟"基因"比较相似，于是，由生物基因、文化模因组成的概念组合
应运而生。

　　同为信息单位，基因决定了有机体的血肉，模因则决定有机体承载
的思想。在某种意义上可以这么说：模因负责我们的行为，基因掌控我
们的身体。你如果喜欢从 IT 维度考虑，也可以采用"硬件"与"软件"
的说法：基因是我们 DNA 中的微小模板，决定了我们的"硬件"，如血型、
头发颜色、身高等；而模因等于"软件"，对我们的思想进行编程。

　　我们每个人都受到基因、模因的共同影响。同在父母身边长大的兄弟
姐妹的行为出现某种类似性，也就不足为奇了。原因在于，除了生物上的
遗传，还有文化上的遗传将他们紧密联系在一起。

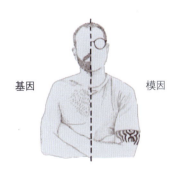

　　我们可以设想一个婴儿，其亲生父母均是
日本人，但他生下来就被送到了法国，在一
个法国家庭中长大（这个假设同样适用于中国
婴儿在巴西长大、美国婴儿在德国长大……），
这个日本娃娃的母语就成了法语，在法国乡间
小学读书，结交法国朋友……简而言之，这个
孩子成长在法国文化中，其言行也与之相符。他的基因说明他是亚洲人，

并非欧洲人，但是基因只是他的个体身份的一部分！与此同时，他与现实环境中的人群共享着许多看法与习惯，而此人群并非他的基因来源处的人群。

▎模因的传染效应

复制、演变、选择，都是启动生物进化的各种试剂，而它们同样作用于文化进化过程。有这样一个笑话：

> 一位企业家偶遇一名企业咨询顾问。企业家问："如果我问您 3 个问题，您将收费多少？"
>
> 顾问淡淡地答："10 万欧元。"
>
> 企业家问："您肯定吗？"
>
> 顾问答："肯定！请问您的第 3 个问题是什么？"

你如果觉得这个笑话很好笑，把它讲给别人听，就完成了对它的复制。但是，你也许会在讲述时对它略作改动，如把顾问改成了律师，或者你会把价格说成 20 万欧元。上述两种情况都是因为模因的演变，虽然复制了笑话，但没有完全忠于原版。

也许你根本不爱讲笑话，该模因就无法通过你传播，这时，你在文化进化的角度上就没有完成对它的复制。或许你觉得这个笑话不够好笑，宁愿给朋友们讲别的笑话。你从你所知道的笑话中挑出一个讲给大家听，就完成了"选择"。

模因盘踞在我们大脑中，随时准备传染他人。某些模因非常成功：

如"家庭"，这个模因全世界流传，以各种演变形式存世数千年不倒。宗教也是一种模因，几百年来跨越洲际而传向地球各个角落。有些模因几乎没有传染能力，随着它的起源承载者的死亡默默消失了。20 世纪 70 年代的奥地利曾经有过一个"垂直下葬协会"，他们将死者封入塑料长棺后垂直地葬入大地。这个理念的追随者不多，其模因无声无息地消失了。

宏大的理念由很多小的想法构成。如果你的宏大理念是乘坐自己造的帆船横跨大西洋，那么这是一个模因。这个模因有可能传播开来，并在我的大脑中留下一份"复印件"，于是我等不及被它传染，就开始着手造船，希望尽快扬帆起航。你的航海理念以许多细小的想法为基础，后者决定你的冒险行动的成败。如船身的建造方式、船帆的形状，都是单独的模因。为了追随你的宏大理念，为了能坐着自己亲手造的帆船横渡大西洋，我会吸收上述细小的想法，但不必全都吸收。

有个比较实用的可以帮助你确定某个模因的方法：一个模因必须能够单独成形。横渡大西洋是个独立成形的单位，船上的旗杆、船身也是如此。它们可以一起，也可以分别传播到另一个大脑中。

顾客服务也是一种模因，它由多个小单位组成。例如，客服接电话时的亲切程度，下班时间一到是否立刻熄灯，或者在背后谈论顾客时的态度。这些都是单独的模因，共同组成"顾客服务"这个大模因。

模因的传播

基因通过家族的大树而垂直传递，模因的传播则活跃得多。

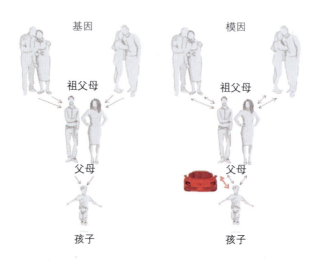

模因的传播方式是模拟，儿童就是个很直观的例子。我的外甥女在 1 岁时，喜欢把一些外形像手机的物体按到耳朵边上。毫无疑问，这个行为不可能源自基因，因为她是家族中玩着手机长大的第一代，她的行为是对别人行为的模仿。"手机模因"已经成功地将她感染。模仿行为不仅发生在幼年时期，也并不一定总是自上而下的，它是相互影响的。如果成年的儿子买了一辆敞篷跑车，不服老的父亲也跟着买了一辆，这就是一个自下而上传播的模因。模因的传播不局限于垂直路径，也可以在水平方向上发生：在兄弟姐妹之间、在朋友之间，甚至通过电视节目向大众传播。模因的传播途径明显是一个较为错综复杂的"多媒体"方式。

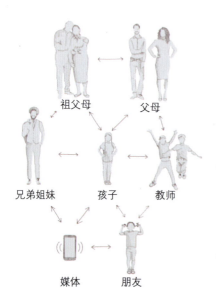

有些模因会被我们无意识地接受，

如流行歌曲，有些模因是无意中看到、学习到的事物，如观察到的同事的晋升方式。

　　而我们绝对不是偶然邂逅模因的。父母会花费大量的时间、精力，将某些价值观、行为方式传授给孩子。企业非常重视员工的所思所想，规定哪里需要蓝色模因的可靠性，哪里需要红色模因鼓励员工面对风险，哪里又需要黄色模因钻研最新理念。当我们换了个新工作，开始时能强烈感受到新企业中根深蒂固的模因，它小到着装要求——新入职的员工通常会沿用以前的模因，选择自己习惯的服装，这可能让新同事觉得过于死板或随意。而这只是开端，在工作的其他方面，新员工也会采用以往的既定套路，包括企业内部的等级观念、会议习惯等。这种个体已经习惯的全套模因，在全新的办公环境中很容易与不同的模因碰撞。

　　新的工作氛围、陌生的企业文化，一开始会令人不习惯。员工、企业都有同感。但这种对立会随着时间慢慢淡去，模因在有意无间发生替换。

而这种替换也不是单向的，新员工的模因一样能够传播开来。当然，面临着根深蒂固的思想的巨大威力，新模因传播的阻力很大。然而现实中的某人往往正因如此，才会被调配到某个职位，从而有利于传播他的思想与理念。也可以这么说，这正是为了把他的模因传染给其他同事。

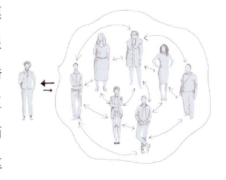

▎ 健康的、成功的、我行我素的模因

　　弗莱蒙德・马利克教授是我的前任老板，他爱用"意识污染"这个词

语形容企业中低劣的管理意识，并将其视为管理层犯错的主要原因之一。事实的确如此，一旦某个企业中充斥着关于企业管理的种种低劣看法，管理人员很难冲破这些已经成形的思维模式、行为模式。

当郭士纳着手改造 IBM 这个庞然大物时，他首先确认了塑造 IBM 文化的两大因素，它们使得某些模因在 IBM 内部广泛传播，其余模因则被拒之门外。第一个因素是 IBM 作为 IT 巨头取得的成绩——缺乏真正意义上的竞争对手、超高的利润率、一枝独秀的市场优势，令该企业对外部的现实视而不见。激烈的市场竞争促使企业内部员工产生的相应模因却逐渐消失了，他们更乐于关注一些轻松舒适的课题。第二个因素促使 IBM 远离、阻隔某些模因：当时一场反垄断诉讼大战迫在眉睫，高悬在企业头顶宛如一把达摩克利斯之剑。郭士纳回忆说，诸如"市场""竞争"之类的词汇，被有组织地从所有书面资料、内部会议中清除得干干净净；"打败竞争对手""占据市场先机"这样的措辞完全被视为禁语。如果不允许员工谈论如何与竞争对手较量、如何赢得市场份额，渐渐地，总有一天会受到市场的惩罚。

理查德·道金斯、苏珊·布莱克莫、丹尼尔·德纳等模因理论的前辈认为，模因的作用是自控的，甚至是自私的，它对于载体的感受漠不关心，它的目的是复制自身、保证自身的存活。这与病毒的扩散非常相似，并且不见得会为它的载体带来任何益处。说得婉转一些，理念的生命与其创造者无关。它可以通过传染而不断传播、发展，远远超越创造者的生命期。因而我们在评判模因时，应当注意区别成功的模因（从模因的角度）、健康的模因（从人类获益的角度）。评判模因是否成功比较容易，其关键问题在于：

它能否成功进入他人的大脑？而评判模因是否健康就困难得多。

废弃奴隶制度，在今天被绝大多数人视为一个健康的模因。它也是个成功的模因，获得了广泛传播。"环保"也是个健康的模因，但它的推广还需要不懈的努力。有些模因即便非常成功，也是不健康的，例如，"抽烟"这个模因，不健康却相当成功。某些模因具有迷惑性，被感染者很晚才会意识到它的不健康之处，如加入一个邪教组织。

有些模因会为载体带来正反两方面的后果。周五下班后跟同事喝几杯啤酒，这个模因未必健康，却能活跃气氛，有助于舒缓心灵，同时达到维护社会关系、获取信息的目的。这个模因既健康又不健康，它在伦敦非常成功，在德黑兰却未必。

有些模因对被感染者有益，却对受其影响的他人有害，例如，能助力个人职业生涯的模因，未必有益于企业。

还有些模因非常成功，实际上却不见得为人类带来了什么伟大成就。例如，酒店房间的洗手间里的卫生纸的第一张都被折成了三角形，这个模因扩散得非常快，却毫无意义。

判断某个模因是健康的还是不健康的，取决于评判者自身所感染的模因。拥有紫色模因的人会在黄色模因（个人主义）的环境中，读出对于团队凝聚力的危害；拥有黄色模因的人则会反唇相讥，紫色模因的集体主义思想祸害无穷。

放眼人类历史就能看出，虽然困难重重，最终胜出的都是那些健康的、对人类发展有积极影响的模因。经过几十万年的进化，人类拥有了极其丰富的文化环境经验，我们的大脑对于如何选择为人类带来益处的模因颇有

心得。哲学家丹尼尔·德纳特曾说："我们的免疫模因系统虽然不是滴水不漏的，但也并非全无益处。无疑，这个世界上过去存在、现在也有很多愚蠢的想法，但也不必过于消极，因为人类有权决定哪些理念能够幸存。虽然模因的传播是自控的，但这绝不意味着我们能推卸责任，罔顾人类设想的、接受的、身体力行的、继续发展的各种理念。我们能帮助模因进行传播。"

快速进化

从生物学角度看，人类的肌体在最近几千年中没有发生重大的变化。即便我们把穴居人与现代人类进行比较，也不得不承认二者在解剖学上几乎看不到差异。这些"古人"也能够直立行走，手能抓握事物，大大的脑袋上长着具有超强视觉能力的眼睛。然而在文化方面，他们与现代人类的共同之处非常少：他们的服装与毛发在我们看来显得怪异；如果我们能听到他们的对话，他们说的一定是他们自己的语言；他们的行为也不符合我们的社会规范。由此可见，即使生物配置相差无几，文化上却早已有天壤之别。

文化发展得如此迅速，我们甚至能亲身经历文化的进化。在我们的一生中，我们能够成为好几种文化的见证人。你肯定还记得在"疯狂"的20世纪80年代你留的是什么发型吧？一旦对人类历史中各种模因的交流了如指掌，我们就能辨别出某些创新的模因，是它们推动着模因的交流以几何级数的速度飞快向前发展。

- 语言：无疑是文化发展中的一块里程碑。多么伟大的模因助力器啊！人类只有借助语言才能交流信息与理念。

- 文字：无论语言如何实用，最嘹亮的词语也会暗哑。所以，文字的发明是何等智慧！图像、文字可以不通过人与人的直接接触而传递信息，不管是在洞穴的墙壁上，还是在书本中。

- 流动性：最近几个世纪中，人类的模因交流又获得了一个巨大的推动力。我们可以随心所欲地周游世界，到处传播模因。模因不再局限于征服者的庙宇，美味的比萨与土耳其大饼都是如此。

- 互联网：数字化、网络化联手将信息交流激射到了一个新的高度。在互联网时代，模因以无法想象的速度穿行于世界。现今的模因能在最短时间内感染比以前任何时候都多的人。

你的组织中有哪些模因，它们是否健康，哪些模因能够为你带来成功的未来……这些都可以通过有意识的企业文化设计进行建构。这个过程能够揭示模因如何影响我们的感知和组织中的行为。

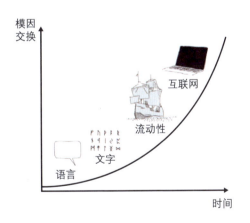

集体构建主义

我们总觉得自己看到了世界的本来面目。事实上我们所看到的世界的

样子源于我们自己。我们会削减信息，建构自己的世界图像、自己对事物的理解。

我们的感性渠道永远处于宏大的信息流中。研究成果表明，每秒有 10 亿比特的信息量浩浩荡荡冲击着人类的感知器官。而信息处理过程中最核心的任务，并非完整地掌握信息，而是对庞大的信息量进行削减。于是我们的大脑将涌入的信息大力削减到每秒 100 比特，约为原数量的百万分之一。入口的信息就此被过滤，其中无关紧要的部分被忽略。被选择的信息则按顺序整合、补充已存储的信息，此时还能达到每秒 1 000 万比特。

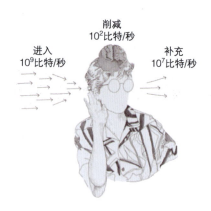

利用这个工作方法，我们仅凭几个关键参数就能掌握各种情境的全局，从而迅速做出反应和决定。穴居人只需听到野兽的呼啸声就能做出正确判断，因为他的大脑中已经存储了一个知识点：呼啸声后必定有野兽出现。这个"感知的瓶颈"不仅将信息削减后再加以补充，更将其个人化了。现实只是观察者的大脑做出的诠释。通过这个过程，我们建构起对于现实的全部知识。

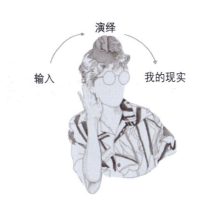

演绎

输入　　　　　　　　　我的现实

伟大的思想家都曾研究过现实的建构过程。前苏格拉底时代的自然哲学家们就已经在猜想，建构的现实究竟在多大程度上反映了真正的事实。随着 20 世纪末期建构主义学说的出现，保罗·瓦兹拉威克、海因兹·冯·佛尔斯特、恩斯特·冯·格拉泽非德等人的长期研究成果获得认可，有一点是肯定的：我们所认为的现实，其实是个人的建构结果。模因决定着哪些信息被感知、接纳，哪些信息成为削减的牺牲品；它们甚至决定着被吸收的信息对我们个人的意义。下面这个笑话对此做了最精确的诠释：母亲看着整齐划一的队列踏步而过，感慨地说："快看啊！除了我的乔尼，其他人都踏错了步子！"涂鸦艺术家班克西将"你越暴躁，就越可能遇到混蛋"这句话喷在了卡车车身上。他认为对所有感知的诠释，无不起源于观察者本人；感染了暴躁性格模因的人，就会建构出一个与此对应的现实世界。

在这个过程中，我们的周边环境既是信息过滤器，又是演绎辅助器。"所谓当下的现实，就是我们所感知的信息，就是多数感知者达成的共识。"马克斯－普朗克脑科学研究所的辛格教授如是说。因此我们也将此称为"现实的社会建构"。

现实的社会建构过程始于习惯养成：不断重复已被证明有效的行为，从而养成习惯。这样可以节约大量的思想资源。如果对每个行为都刨根问底，我们根本不可能生存下来。他人的行为一旦被复制，久而久之就会成为社会制度，相应的模因也会广泛传播。这种社会制度化了的现实，是社会秩序的基石。它赋予人们安全感，给社会生活带来可靠性。我们认为"正常"的，通常也符合事实。例如，某个欧洲人乘坐火车穿越欧洲隧道去英国，他在英国开车时会很快发现，要改变养成的习惯是如何困难，哪怕只是在很短一段时间内。虽然知道英国人习惯靠左驾驶，他还是面临着随时跌回旧有习惯的危险。习惯塑造社会。习惯对企业同样重要：无论是年底报税、开分公司，还是建新工厂，第一次经历总是比较烦琐，同时也较长，而第二次就显得快捷许多，以后更逐渐变成常规。林间小路上的行人越多，其越有可能成为人人选择的通途。人的经验正是这样在大脑中、在企业文化中挖出一条条沟槽。

如果永远只走一条路，经历就少。一段时期后，地上的沟槽很深，以至于行人几乎无法再左顾右盼，这时只能靠经验指定方向。发展速度一日千里的时代中隐藏的风险对于企业来说尤为明显。倒是那些貌似缺乏经验的企业能够令人惊讶地抢占先机：今日几乎没人提起百事达影像出租公司，而亚马逊、奈飞已经全面接管其市场。与特斯拉相比，宝马等公司拥有百年的"经验劣势"。微软前总裁史蒂夫·鲍尔默在第一代 iPhone 发布会后接受了一次采访，他对手机市场上这个新的竞争对手横加嘲讽，认为对于公司客户而言，没有按键的手机永远、肯定不会有市场！而且微软每年销售数百万部手机，苹果那时一部也没卖出去。这个采访后来变得家喻户晓。

彼此确认现实

人们在互动时也在交流彼此的现实世界，他们的模因会互相感染对方。被某个现实感染的人越多，这个"现实"就越发现实。某个社会群体中的成员总是互相确认对方的演绎，从而巩固共同的现实世界图像。

在所有关于集体感知的研究项目中，"他们看了场比赛"项目无疑是个经典案例。1954 年，达特茅斯学院和普林斯顿大学进行了一场美式足球比赛，该项目研究了双方学生对此的观感。在现场的学生和看重播的学生，他们的感受截然不同，就像看了两场比赛。尤其当研究者问是哪支球队先采用极其粗暴的踢法时，得到的答案呈现出两极分化。达特茅斯学院的学生对自己的感知做出的演绎与普林斯顿大学学生的完全相反。

文化图谱中的七种模因，同样展示了七个不同的视角，即感知世界的过滤器。用强大的绿色模因建构的现实，会认为人性化是合理的；蓝色模因建构的现实自然而然地遵循规则，水蓝色模因建构的现实则试图平衡宏大的整体。各种模因都会找到自己的现实，并采取相应的行动。

第3章

文化图谱

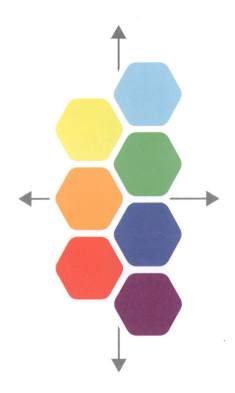

文化图谱的特征

文化图谱是个模型，其目的在于运用进化史中的模因来诠释企业文化。模型将某个事实简化后予以展示，把复杂的客观事物削减到能够被看懂、被理解、被掌握的地步。爱因斯坦曾经说过，我们应当把事情尽量简化，但是不能简单化！这也是文化图谱的主导思维：易学、便于使用，能形象地展示文化模型、阐述文化。文化图谱并不想雄心勃勃地观察、研究人在所有情境中的所有行为，它更注重在纷杂的模因世界中建立秩序。

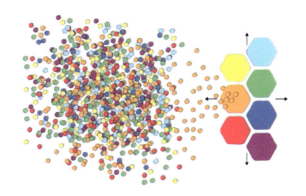

文化图谱用七个六边形色块展示文化的主要特点，每个色块代表了一个特定模因的聚类。因为每个模因聚类都有自己的颜色，我们可以称其为红色模因、蓝色模因等。

| 文化的可视化

文化图谱的一个主要特征就是它的视觉化形式。第一眼看去，它是七

个不同颜色的六边形。六边形面积的大小意味着相应模因在该文化中的影响力。

文化图谱的七个六边形大致参照了美国心理学家克莱尔·W.格莱乌斯的"人类存在阶段理论"。格莱乌斯定义了不同的价值系统，以及它们对人类认知、感受、思考和行为的影响，试图从理论上解释是什么驱动着人类做他们所做的事情。尽管当时"模因"一说尚未问世，格莱乌斯却深信人类固然在塑造文化，而文化又何尝不在影响人类。他的研究不同于同时代的其他研究，他不认为人类、文化的发展能够达到一种终极状态。

格莱乌斯的遗产并不是某个最终学说，而是集大成的理念，并被大量作者、思想家、实践家不断诠释、扩展。其中最著名的是克里斯多夫·科文与唐·爱德华·贝克，他们的工作成果又反过来促成了后续发展。在《螺旋动力学》一书中，他们首次用色彩指代格莱乌斯理论中的各个阶段；哲学家肯·威尔伯关于思想与意识的整合理论同样依据格莱乌斯的理论；赛德·艾里亚斯·达瓦拉巴尼运用格莱乌斯的理论进行宏观经济观察；玛丽昂·丘斯顿马赫用它描述宗教灵性。在弗雷德里克·拉卢的《重塑组织》一书中，格莱乌斯的名字围绕着"组织"这个主题重新回到大众的视野。克里斯朵夫·科文，他的好友、同事，曾经这么说过："格莱乌斯要求读者超越已有的、公认的专业界限……从不同角度研究文化和成年人的行为、思考、动机、管理、学习，因为从每个新的角度都能揭露出真实的成分。"在这个意义上，从现代组织角度全新诠释格莱乌斯的研究成果无疑成了文化图谱的要素之一，但也只是其中之一。在对每个六边形的描述以及文化图谱的逻辑中，基本上结合了格莱乌斯的理论与生物学、心理学、人类学、管理学与组织学的成果，并且融入了与全球不同企业合作的经验。

文化图谱虽然包含进化论的观点，却并不是一个记录成功企业发展历程的阶段性模型。它更注重面对现代商业环境，澄清不同价值观系统对企业的影响，而在此模型中最具成功潜力的价值观，往往并不是最"高尚"的价值观。

Y 轴：进化之路

六边形除了其颜色，它在文化图谱两条轴上所处的位置也相当重要。六边形的大小根据文化的不同而产生变化，但是其位置不变。位置的排序自有一套系统，Y 轴体现了模因的"进化过程"。

文化进化过程究竟是否有一个固定方向？几百年来，人类学家对此一直争论不休。在很长一段时间里，即使专家也很难将一些新发现的文化纳入他们既有的世界观：中世纪时，托马斯·冯·阿奎因把陌生的文化称为"天然的奴隶"；19 世纪，诸如路易斯·亨利·摩根之类的著名文化研究学

者依然将陌生文化视为"野兽",他们认为文化进化是一个直线型的过程,进化阶段依次为"野蛮人""文明人"。直到 20 世纪,人们才逐渐意识到需要一个相对客观的思考方式,而且文化也不会沿着预先定义的等级式阶梯发展,直到我们臆想中的最高层次。

只需瞥一眼人类历史,就会发现它的发展呈现出一种与日俱增的复杂性。必须承认,从石器时代的自给自足发展到今日的全球互联,人类文化的发展过程并不清晰,有时甚至稍显笨拙。社会学家罗伯特·瑞特在他的畅销书《非零》中对社会发展之路做了如下分析:

> "当我们把目光投向人类事件的表象时,看政权的交替和历史人物的更迭,我们会发现一支箭,它在几万年前呼啸着射出,射向今日。我们也能看到这支箭所指的方向……彼此之间的关联不断扩大,社会复杂性在广度、深度上增加。"

随着时间的推进,人类在面临升级挑战时创建了越来越复杂的解决方案。考古学家挖掘出土的工具体现了这种发展的核心本质。考古有个规律:埋藏得越深、越古老的工具越简单。某些工具曾经被使用过很长一段时间,后来被新式的、更有效的工具取而代之。例如,弓箭如今只是怀旧人群会选择的狩猎或游戏工具。还有一些工具几千年来几乎毫无改变:如榔头,今天我们所用的与博物馆里的展品并无多大区别;又如车轮,现在不必对它进行再次发明。

社会发展也是同理:有些文化因素随着时间推移产生了变化,有些则不变。现代人会遇到一些他们的先祖不会遇到的问题:晋升的会是我吗?

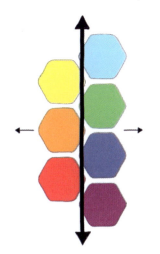

我会不会赶不上下一个航班？为什么我儿子非要在身上穿个洞、挂个环？而另一些问题则古今皆有，如失恋的痛苦。价值观的发展也与之同步：对于猎人、采集者而言，安全非常重要；现代人依然需要一定程度的安全感。而诸如信息自由、权利之类在今日社会中的重要价值，我们的先祖大约从来没有考虑过。看看文化，我们也可以这么说：某些模因比较古老，某些则比较新。

文化图谱中的六边形基本上依据这个逻辑而垂直分布。大体上，传统的价值观排在下面，新的价值观排在上面。这绝不意味着传统的价值观比新的价值观低劣！榔头和内窥镜如今依然是很实用的工具，虽然榔头发明于三万年前。至于哪种工具更好用，完全取决于使用它们的场景。同时，榔头的发明早于内窥镜也绝非偶然。同理，文化图谱以彩色六边形的方式展示它的进化，最先是紫色，依次是红色、蓝色、橙色、绿色、黄色，最后是水蓝色。每一种颜色为下一种颜色的产生创造条件。

一如下文中关于文化图谱的颜色中所写的，每种颜色的产生都是对前一步的问题的回应：红色模因从紫色模因的强制从众中迸发而出，蓝色模因为红色模因的混乱带来秩序……这并不意味着蓝色模因一定好于红色模因，或者红色模因一定优于紫色模因。事实可能恰恰相反，就像榔头与内窥镜哪个更好用，完全取决于使用场景。

企业的文化地图的发展

企业是动态的、复杂的世界中的有机体。

复杂性、互联性要求一种整体性的思考方式。

企业是一个知识型组织。
解决问题需要信息。

知识是制胜的王牌。

人是企业最重要的资源，但人首先是人！

企业的活力取决于它的员工。

企业家精神就是抓住机遇、
找到实用的问题解决方法。

市场是动态的，客户需求随时在变。

企业应当协调各职位、使用标准，以保证质量。

质量与效率！

只有快速、果断地做出反应，才能抢占先机。

竞争是激烈的、无情的。

企业是个大家庭。凝聚的团队是它的优势。

个人无法在竞争中立足。

X 轴：钟摆

文化图谱中的六边形以及其中包含的模因，随着其每一步发展在左右两极之间来回摇摆。这让人联想起吉尔特·霍夫斯泰德在进行跨文化对比时提出的个人主义—集体主义维度。文化图谱的右边集中了以团体、制度为导向的价值观，相较于个人需求，人们更重视集体需求。左边则更多的是个人主义，带入主观能动性。与起到稳定作用的右边相反，左边注重动态与开放性。"团体导向"价值观的紫色模因后紧随的是"以自我为中心"价值观的红色模因，接着是"服从组织"价值观的蓝色模因与"雄心勃勃"价值观的橙色模因。"平均主义"价值观的绿色模因后是"热爱自由"价值观的黄色模因，最终是"注重整体性"价值观的水蓝色模因。

　　无论是对文化图谱中的颜色，还是对双轴，有一条都适用的规则：左右也好，上下也罢，都没有优劣之分。双轴只是建立模型、诠释文化的辅助工具。

左	右
个人主义	集体主义
以自我为中心	团队思路
自信	团队认同感
坚持	服从
渴望胜利	愿意做出牺牲
改变周边环境	适应周边环境
开放团队	使团队封闭
激发新能量	稳定现状
灵活性	延续性
自主性	共同性

以模型取代范畴

　　文化图谱的六边形不能被理解成一个个等级或各种范畴。某些文化研

究容易掉入给人贴标签的陷阱，此类例子在性格测试中屡见不鲜。在对个人的描述中已是如此，在对文化的描述中更为常见——我们不能将文化纳入单独的某个范畴。

时下流行的文化模型喜欢用一张单维度评分表来评价文化特征。评分表的两端是一对截然相反的概念。

某个同一性的群体、某个多样性的群体和具有两个极端特征的人群的群体，它们三者的平均值可能是相同的。

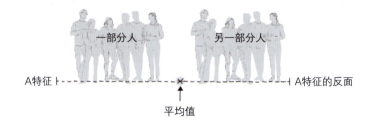

并且评分表的两极也不一定合理。"浓厚"的反义词可以是"稀薄""寡淡""稀少"等，得视具体情境中指的是一杯咖啡、一杯啤酒，还是一种气味。与此同理，在不同文化中，"快速的决断"的反义词可能是"深思熟虑后的决断""协调多方后的决断"，或者是"集体的决断"。

我不否认，文化的具象化意味着简化，这也是模型存在的理由。但我还是认为，文化图谱比单维度的评分表、简单的标签更接近复杂的现实。其中的关键就在于对文化图谱的辨识。

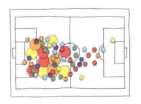 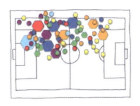 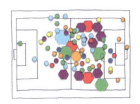

文化图谱所展示的，并不是某个瞬间状态，而是某种文化的动态行为模型，就像一场重要的足球比赛结束后进行的电视转播分析：球员跑过的每一米距离，并不能表现出该场比赛的特色，更令人感兴趣的是从球员的奔跑路线中归纳出的模型。它能说明这场比赛主要在哪个半场进行、进攻是偏向边路还是中路、传球多用长传还是短传。

将它用到企业文化上就可以理解为：细节过多的瞬间状态有可能造成假象。即便在蓝色模因占优势的企业中，肯定也能发现黄色模因。但是唯有模型才能让文化呈现它的真正特征。

解读动态行为模型也许会让人有些不适应。可以做个小小的实验：请观看右边这幅图，你能辨别出它表达的人像吗？也许你能看出这是爱因斯坦——如果能够接受这种模糊，这也正是解读这幅图的窍门。你离图越近，就越不容易看清：你要是把鼻子压在书页上，就只能看见几个灰色的格子。人们在做分析工作时经常容易陷入这样的误区：过于关注某个局部，从而在这一"牛角尖"上越钻越深。单个细节在这里几乎全无用处，无法帮助解读该图传达的信息。同样地，根据所有细节重建该图

的核心内容的努力也是徒劳的，最多让你得到一堆颜色深浅程度不一的灰色方块。平均值也不能帮助你建立认知，因为平均之后还是灰色方块。

局部	细节	平均值

因此在分析文化时，关键是接受一些模糊的部分，唯有如此，我们才能辨识文化模型。我们还经常需要后退一步，拉开距离，以免被细节迷惑，尤其是当我们面对的不是静态的灰色格子，而是复杂的、动态的系统——企业时。

焦点系统

一个企业中当然不会仅有一种文化，而是有多种；非主导地位的文化常被称为"亚文化"。如前文所述，当一群人为了某个目标而聚集到一起时，文化就应运而生。在某个企业中，群体会有不同的组织形式，如部门、团队。

某种文化下面有若干种亚文化，这并不矛盾。民族文化也是同理。例如，既有典型的意大利风俗，又存在着南、北意大利的文化差异。那些了解意大利的人肯定会声称：伦巴第地区存在着其他文化圈；米兰人跟乡间居民大相径庭。

亚文化也有可能超越传统界限。米兰市内的时尚业与金融业各行其道，后者也许更像其伦敦的同行们。同样地，跨国企业的 IT 团队尽管坐镇于总部，但与销售团队相比，其文化也许更接近全球各地的分部。

在主文化下滋生各种亚文化，这并不是问题，在某种程度上甚至是必要的。你真的希望财务部门的行事风格与销售部门的行事风格一致？研发部门与人力资源部门拥有部分不同的模因，岂不是更有裨益？在企业这个大有机体中，各部门都是亚有机体，必然会形成不同的文化。毫无疑问，这些亚有机体的目标、组织结构、人必须着眼于大局并对其加以管理。只有当企业的亚文化发展到无法统一在主文化之下时，它们才会成为需要严肃处理的问题。因为到那时，这些部门会损害企业的健康发展，它们不能再被拧成一股绳，而是各自为政。

一般而言，如下规则是适用的：在进行有意识的企业文化设计时，亚文化与企业主文化偏离的程度是

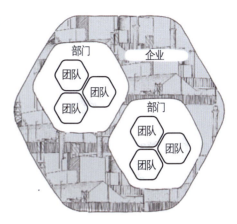

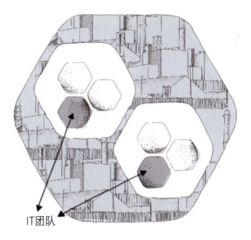

IT团队

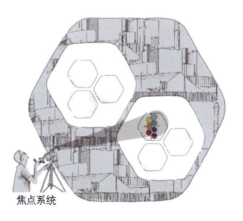

焦点系统

可以控制的。因此，在运用文化图谱时，必须确认它将要描述的"焦点系统"。我们总得知道分析的对象吧！

健康？不健康

人是习惯性动物，这在组织的文化图谱中可见一斑。尽管在理论上，文化图谱中的所有颜色是平等的，但在实际情况中，所有企业都有自己偏好的颜色。

请回忆一下第 1 章的工具箱的比喻：每种文化都拥有自己的工具箱，它有七个不同颜色的抽屉，每个抽屉里有一种工具。理论上，我们可以运用所有工具。然而，人们通常更喜欢反复使用某个熟悉的抽屉里的工具，特别是当这种工具多年来被证明有效时。人的天性就是如此，宁愿重复使用同一种工具，也不愿尝试新的工具。

这种喜欢优先使用某个特定抽屉里的工具的做法是否正确，是无法一概而论的。没有一种工具天生就比其他工具更好或者更坏；每种工具有可能既是健康的，又是不健康的。有两个因素是做出评判的关键：相关情境、外延程度。

相关情境

我们在第 2 章中提过，某个有机体的成功取决于它在所处环境中的功能性；某些模因在某个特定情境中能发挥积极作用，换个情境却可能是消极的。你如果是一名飞机乘客，会希望驾驶舱中的模因是蓝色的：各项检查清单、操作标准，细致入微、周到认真……在这个情境中，蓝色模因的诸类特征显然比黄色模因的"创造力"、红色模因的"勇气"更重要。航空业有句老话："世界上有老飞行员，有勇敢的飞行员，但是没有勇敢的老飞行员。"然而当乘客走下飞机坐上出租车时，类似的蓝色模因也许会使他们精神崩溃，因为很难设想出租车司机在开车前要过一遍冗长的、细致入微的检查清单。

所以，对模因的评估不能离开相关情境。只有这样，才能判断某些模因的影响是积极的还是消极的。我们可以参考有机体的概念：因为除了文化希望或必须承担的种种任务，人与组织共同构成了文化发展的部分相关情境。

外延程度

对于市场上各种关于管理、领导力的出版物、课程讲座，我总是感觉惊诧。它们的建议往往是单维度的，而且认为更多就必然更好：更多团队合作、更注重结果、更多信任等。可是万一"更多"未必意味着"更好"，又当如何？调研报告大多针对成功的管理者的个人特质。有个特别庞大的调研得出了以下结论，即所有顶尖企业家都有两种性格特质：克服阻力时的坚韧、说服力。毫无疑问，拥有这两种特质很有可能是通往成功的重要前提，但是它们也与"失败"息息相关。当某人忽视所有的警示信号，依然说服他人支持自己的事业时，也许会造成很大的损失。

在管理学之外的很多领域中，人们都深知最优的不在评分表的两极位置，而是在两极之间的某处。万事必有节点，有益的在达到某种程度后就会转变成有害的。所有人都赞同体温是衡量人体的健康程度的重要标准，但是没有人声称更高就一定更好。人体的正常体温是 37℃ 左右，过高过低都会导致健康问题。血压、体重、身高都如此，理想数值总是位于两极之间。

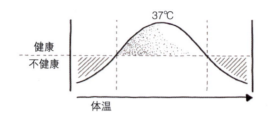

我的祖母常说："剂量过多能把良药变成毒药。"模因与此非常类似，透明度、团队合作在企业中深受重视固然是对的，但如果重视过了头，透明度会变成官僚主义，团队合作也可能不利于工作效率。

把这个道理运用到文化图谱上就是：某种模因的六边形面积意味着该模因的影响力，但是每种模因的影响力都有个节点，在过了节点后，其影响力越强，就越容易产生问题。过多的"好"会变成"恶"。某种模因在某种企业文化中几乎没有任何影响力，这并不意味着该企业文化一定不健康，因为在很多情况下，这个缺陷可以用其他模因弥补。例如，在一个蓝色模因比较薄弱的、形式主义占优势的企业中，紫色模因的集体归属感可以在一定程度上起到缓和作用。

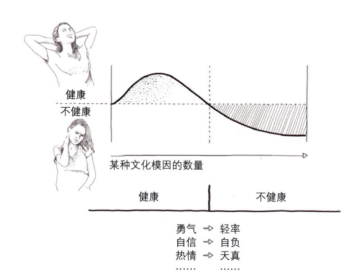

文化图谱的七种模因

本章将逐一介绍文化图谱的七种模因。你将了解文化图谱的模因的发展过程，以及它们在企业中起作用的方式。请你时刻记住，世界是缤纷多彩的，任何一种文化中都不会只有一种模因。文化图谱的复杂性源于它是多种模因的组合。尽管如此，还是应该在本章开始时对这些模因进行研究，以便更好地了解它们。你可以把每种模因视为一种调料，它们混合后会形成最终的文化图谱。案例和故事有助于厘清各种模因。再次强调，没有一个企业只有一种模因。对于某个企业，单个案例未必具有典型性与代表性；案例的典型性和代表性是针对它所论述的模因而言的。

Business Culture Design

紫色模因

克里斯托弗的日记

12 月 15 日

公司本周又将举行圣诞节欢庆活动！几周来，我们忙着装饰活动现场、搭建产品展示台、悬挂公司标志，就连桌布也印上了公司标志。跟往年一样，员工的家人也受到了邀请。

我很好奇董事长的祝词，因为据说他会就他的儿子和侄子今年起在公司担任要职这件事做出声明。不知他还会执掌公司多久。我们希望再久一点。哪怕在公司困难的那几年，他也没有解雇过员工。我父亲告诉过我，老董事长对他的员工十分顾念旧情。

无论是我个人还是公司，明年应该都不会发生新情况。我的职位应该不会变动，因为我的直属领导七年后才会退休，而我三年前才晋升到现在的职位。当然，我时不时会想去年到底应不应该拒绝竞争对手给我的优厚待遇……但是我更适合这里，因为大家都很关心我。我相信我女儿将来也会是这里的一员。

嗯，我还用操什么心呢？我们的产品销量稳定，公司在扩大发展。我们的决策和行为非常明智，没有过度跟风，而是始终忠于我们的信条。上周吃饭时我们还在讨论当下媒体对科技转型的报道实在过于夸大了。研发部门的马库斯赞成我的说法。我个人深信我们目前的道路是正确的。马库斯手下的两名员工对此有不同的看法，跳槽去了竞争对手那里，这无非表明他们只想着钱，根本不理解我们。他们怎么能理解我们呢？他们待了不过两年，一直没有真正融入这个集体……

共同的强大、强大的共同体

安全感是人类的基本需求之一。在一个集体中，人们可以彼此给予安全感。即便小孩也懂得父母的怀抱更安全；即便利物浦足球队最铁杆的球迷，也会用一曲《你永远不会独行》表达他们的集体感。

强大的集体的典型模因是紫色模因。它令人想起我们的先祖会组成部落群体，从而给予彼此安全感。在一定程度上，这种模因仍然存在于现代企业中：人们在企业这个集体中找到了归属感和认同感。

紫色的集体保证个体的生存。在紫色集体的成员看来，集体利益优先于个人利益是自然的。出于对集体的忠诚，个体的生活应该属于集体；集体也非常关怀个体的疾苦。在古老的紫色集体中，这种自我牺牲精神深受推崇。即便到了今天，紫色模因还是认为为了集体而做出牺牲的行为是光荣的。

紫色模因要求大家行为适当，个体必须适应集体，少有意见，杜绝个人主义的错误。因为它不仅有损集体的声誉，更被视为集体的失败。输和赢都是共享的。在一个紫色的体育团队中，运动员征战是为了团队荣誉而非个人荣誉。重要的不是谁射进了球，而是团队赢了！在紫色集体中，谁不忠诚，谁就是叛徒。紫色集体成员面对离弃集体、背离集体价值观的行为，会产生巨大的失望感。当菲戈离开巴塞罗那足球队，身披死对头皇家马德里足球队的球衣在巴塞罗那参加比赛时，巴塞罗那队的球迷感到极度的失望与愤恨。他们用震耳欲聋的嘘声、辱骂、投掷物体等方式，彻底否定了菲戈之前数年为了前球队所做的贡献。企业的紫色集体面对他们的"明星"忽然为竞争对手效力的情况，也会感受到类似的伤害，他们的反应与球迷类似，也许会含蓄些。某人从麦肯锡跳槽到波士顿咨询集团、从奔驰跳槽到宝马，或者从苹果跳槽到谷歌，都会深深伤害集体的骄傲和荣誉感。

对外界限分明

紫色集体通常是封闭的，有点像秘密组织或专享俱乐部，很少对外界展示自己的内部。他们还会通过强调自身的同类性、与外部的区别来强化这种界限。例如，巴伐利亚人爱说"我们就是我们"[①]，他们喜欢把圈外人标签化，对于了解"外人"毫无兴趣。紫色集体永远把自己的成员放在优先位置……非成员永远是外人。

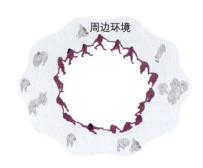

十字架、新月、星条旗、彩虹旗、球迷围巾……紫色集体无比自豪地展示他们的象征符号，以此向内、向外清晰地传达他们的价值观。企业中随处可见强大的企业识别系统：大到运货车，小到圆珠笔，都印着公司的主题符号。有些企业甚至有自己的口号和主题曲，从而使集体更团结。从军乐进行曲到民间歌曲，再到嘻哈歌曲，都传递着紫色模因。某些问候仪式也是同理。从受洗到葬礼，人生中的很多事件都遵循着传统的、紫色的社会仪式。企业中的紫色模因包括公司庆典、授奖

---

① 原文是巴伐利亚方言，拜仁足球队队员很爱这么说。——译者注

活动等。

紫色模因追求整齐划一、千人一面，在企业中常常表现为工作制服。统一着装代表着集体从属性，这种对个性的放弃无疑强调了集体的重要地位。

有些企业虽然对着装没有做出明文规定，但经常会有不成文的要求。伦敦的律师事务所中的袖扣、柏林的初创公司里的连帽毛衣，都担负着同一个功能：展示归属感。过于个人主义的、偏离企业习惯的作风，往往会导致不必要的麻烦。

外人通常很难理解紫色集体与某些象征符号的紧密关系。对于一个英国球迷而言，拥有一张 1966 年的温布利决赛的门票显然具有无比重大的意义；而在美国人眼里，那不过是一张废纸。同样地，外人也许会对某些企业的象征符号、仪式不屑一顾，然而紫色集体成员深深懂得它们的意义，并将他人的轻视视为对自己认同感的侵犯。

因此，紫色企业的典型做法是尽快把企业的价值观、特征介绍给新员工；后者会参加一系列培训活动，或者被经验丰富的员工指导。这种入职

仪式更象征着集体对他们的接纳。尽管如此,紫色企业中的关键职位还是很少被授予外来人员。外来人员在外部的成功在紫色企业看来根本无足轻重,因为他们在内部缺乏名望与必要的人际关系。而那些忠心耿耿的老员工更容易获得青睐,因为这些人在内部拥有必要的人际网络,深知内部运作方式。

连接紧密的集体认同感

小企业、初创企业一般都有紫色模因:大家互相认识,内部不需要烦琐的规则与架构,所有人都对基本价值观了然于胸。个人的角色、职位远远没有集体的运营能力重要。集体成员注重集体归属感,领导对员工关怀备至,还拥有决断权力。爱彼迎的创始人布莱恩·切斯基曾经向他的员工发了一封邮件,题为"请不要破坏文化",突出强调了其企业文化中的紫色特征:"企业文化越强大,企业对形式流程的依赖程度就越低。如果企业文化强大,我们就可以深信所有人都在做对的事情……你们有没有注意到,家里从来都没有形式流程?原因在于,信任与家庭文化取代了形式流程。"

然而随着企业的发展扩大,保持紫色模因的积极意义并不是一件简单的事。Zappos 执行总裁托尼·谢回忆了他的第一家企业 Link Exchange 的文化。初创团队成员是一批志同道合的人,当时的团队自然无须形式流程。但是随着企业的快速发展,最初的团队精神却无法同步。"刚开始时,一切都很顺利。到我们发展到有 20 名成员时,我们的热情已经不再……于是我们开始招聘,新员工都能力超群,但是显然不适应我们的企业文化。当我们的团队规模扩大到 100 人时,连我都觉得每天早上起床赶去上班是一件很困难的事。"

托尼决定在他的下一家企业 Zappos 中换个做法，建立一个 Zappos 世界：这里有严格但是不成文的着装要求——以 T 恤和运动鞋为主；击掌和拥抱随处可见；壁画和大面积文身比比皆是。Zappos 对待新员工的做法在当时引起了轰动：在新员工入职培训几周后，Zappos 提出会向他们支付 2 000 美元——如果他们辞职的话。托尼如此解释 Zappos 的动机："我们希望最后留在 Zappos 的，是相信我们的企业文化、愿意与我们并肩工作的人。如果他们发现自己不适合这里，就不应该苦苦支撑，所以我们给他们一个选择的机会。"

根据 Zappos 的经验，只有极少数的新员工接受了这笔钱，大多数人选择成为 Zappos 中的一员。因而 Zappos 谈论的不是"工作与生活的平衡"，而是 "工作与生活的融合"，在他们的思维中，生活与工作是统一的，彼此紧密相连、不可分割。工作成了集体认同感的关键部分，同事则是家人的延伸。

享有特殊地位的首领

对于生活在部落中的先祖而言，周围发生的很多事物都是神秘的、危险的。最方便的解释便是：不知名的权威在起作用。对权威的信仰必然伴随着个体的屈服，这在紫色模因中很常见。尤其在困难的时代和危机中，信仰代表着目标与希望。并非一切都需要理性的理解，超自然力自有它的吸引力。紫色模因注重经验，无论是自己的，还是祖先流传下来的。紫色模因所信仰的权威，并不局限于上帝或超自然，也可以是人，比如那个能够率领集体的人——首领。

紫色集体的首领都具有一种天然的权威，使得他们在集体中享有颇高的地位。他们被视为兼具知识与智慧的极强能力者，区别于普通人。因此他在集体内部享有一种特殊权力。古罗马人有这么一句话："朱庇特可以做的事情，公牛不可以！"它的意思相当于中国谚语"只许州官放火，不许百姓点灯"。在紫色集体中，虽然大多数人是平等的，但并不是所有人都平等。位于基层的人完全接受集体中的角色分配，接受自己在等级制度中的地位、在集体中的功能与作用。即使自身的地位十分卑贱，也胜过被排除在集体之外。

通过教育手段确立的准则，主导着集体的行为方式，作为整体的集体也确保成员对它的遵守，但是最高权威永远属于首领。他无须为他的决定辩解，从不会有人起意对抗他——至少他的追随者们绝对不会。他被视为永远正确，他自己也这么认为。要他承认自己的错误是非常困难的，这需要经过很长的时间，甚至几个世纪：1992 年，教皇保罗二世就伽利略的日心说一案向公众道歉——距离后者被审判、被死刑威胁、被软禁，已经过去了整整 359 年。

在紫色模因中，对于稳定性的渴求远远强于对变革的渴求。首领的重要地位主要归功于他为集体所做的具有楷模性质的贡献，以及其年长的优势。家庭背景也能为其加分，他的声望甚至可以转移到其后代身上。李健熙作为三星集团创始人之子，数十年一直担任三星集团董事长一职。他的儿女们也在三星集团中任职，并被视为他的接班人。但是这又能如何？这位首领在 72 岁高龄突发心肌梗死入院治疗，却仍然不愿意交出权柄，而是选择在医院病床上继续发号施令。

传统的成功秘诀

紫色集体的经验宝库也许经世代累积而成，然而，集体的边界也就是他们知识的边界。陌生理念会威胁他们从紫色经验宝库中汲取的安全感；好奇、科学兴趣、务实的实验，都与紫色模因格格不入，成员更愿固守已有的知识，尤其当后者符合个人经验时，更是如此。他们有一段集体记忆，其中存储了所有的经验与从这些经验中得出的结论；前几代人的经验在今天依然奏效。

但是，紫色集体是如何学习的呢？他们的学习过程在原则上类似于经典的条件反射，即某个特定的刺激导致某种行为，这完全依据经验。因果关系无足轻重。在做决策时也是如此，除了经验（至今被视为正确的，将来也是正确的），首领具有决策权：首领说的都是对的。

在紫色模因占主导地位的企业中，工作任务、资源、盈利的分配都按照同一标准：自上而下、制度、经验，同时兼顾集体的利益。在这种模因中被称作团结的经常被其他模因称作裙带关系，甚至腐败。但从紫色模因看来，集体受益最重要。盈利的再投资主要是为了让企业获利；员工的薪酬很可能相对较低。紫色企业更注重投资一些能够帮助员工工作更舒适的内容，如投放最新科技工作设备、符合人体工程学的座椅与写字台、母婴设施……这些服务设施能为员工构建更舒适的工作与生活。

保证企业长期生存的目标主导着企业决策，哈瑞宝公司就是如此。公司自 1921 年生产的小熊橡皮糖果给大人和小孩带来了无穷欢乐。小汉斯·力格尔是哈瑞宝公司创始人的儿子——他的名字遵循传统习惯，继承自他的父亲、公司创始人汉斯·力格尔——从 1946 年掌管这家企业，直到 2013 年逝世。观察家们声称，企业已经与他个人融为一个整体。曾经谣传巴菲特有意收购哈瑞宝公司的股份，当时已经 85 岁的小汉斯·力格尔明确表示："金钱从来不是我的动力，我甚至记不清我赚到第一个 100 万马克的时间。"这位大家长永远不会出售他的家庭！门窗五金系统技术领先于全球的尤里乌斯·布鲁姆公司也是如此，他们几代人相传，最高价值一直是"为了我们的员工，长远、持续地传承我们的公司"。这是当年公司创立时的信条，今天仍是管理、决策的基本出发点。

"隐形冠军"是对德国成功的中小型企业的称呼，它们身上有很强的紫色模因，它们希望延续那些过去做得好的经验。它们不会对产品、服务进行革命性的改进，而是致力于不断提升现有的、拥有几十年历史的产品和服务。这对持续性、持久性提出了很高的要求，并倾向于规避风险。BBC 的记者贾斯汀·洛莱特曾在一部纪录片中以世界知名彩笔品牌辉柏嘉为例，对德国中小企业进行了详细的研究。该企业如今拥有 7 000 多名员工，其历史可以追溯到一个世纪前。安东·沃尔夫冈·辉柏嘉伯爵作为企业现任董事长、创始人的后代，这样强调他们企业的紫色特征："我们专心致志于自己的传统产品，并把它们做到最佳。"该企业绝不会迷失于其他相关的、可做的产品带来的复杂状况中，而是集中精力优化已有的产品。员工的忠诚度——某些员工从学徒工做起，一直留在企业中，并不仅仅归功于企业内部某些优惠条件，如低价午餐、企业医生提供的各种健康服务等；真正的原因更加深刻。正如记者发现的，辉柏嘉的确把"我们"放在首要位置，而非"我"。因此，该企业在工作时间之外同样对员工倍加关怀。这种"家庭精神"能带来很大裨益。很多调查结果表明，在此类隐形冠军中，不仅员工离职率极低，员工请病假的次数也相对较少。

不健康的紫色模因

紫色集体看起来非常稳固，但蕴含着不少危机。它的结构不是基于客观、务实的规则、法律，而是已有的经验、私人的感受。裙带关系在紫色集体中并不罕见，谁认识首领、与首领沾亲带故，谁就有望节节高升。因而，良好的人际关系成了重要的职业生涯驱动器。同时，"首领永远不会犯错"的想法有可能危及集体的发展，因为这种想法会导致决策过程中没有批评与反对意见，错误决策在已经无法施加补救措施时才会被发觉。紫色首领依然不会被质疑。

紫色模因通常不喜欢变革。紫色集体把焦点集中对准内部，以致几乎对周边环境中的改变毫无觉察。即便觉察到了周边环境的变化，也永远能找到继续原先做法的理由。著名的社会心理学家乔纳森·海特说过："道德能凝聚人心、能致盲。"他认为"道德的最重要原则之一就是凝聚众人、令大家盲目。道德围绕着某个神圣价值，把我们组成一个个团体，但也使

得我们对客观现实视而不见。"对于紫色集体而言，任何事物都与眼前的一样，生活也是一成不变的，他们不会产生其他思考方式。因为只有执着于已有的价值观，才能带来集体的稳定性。

紫色集体在分配工作、职责、奖励等方面，也不能做到最优化。紫色模因甚至会阻碍员工做出业绩，吓退业绩功臣。当优秀的、努力的员工发现这种模因随时在阻碍他们的主观能动性后，他们就会离去。外部创意者很少能被紫色集体吸引，能被接纳的更是寥寥可数。年轻员工很难在紫色模因主导的企业中发挥他们的潜能，因为他们提出的新理念会被忽视，特别是当他们不像那些老员工一样在组织中享有盛誉时。

这种较差的个体独立性不仅阻碍了个人主观能动性，也不利于个人责任感。个体在紫色模因中耳濡目染，会认为承担责任的是集体。于是，较之掌握自己的命运，个体更倾向于信任他人，尤其是信任首领。此时容易产生一种危险的舒适区。个体会认为主观能动、推动变革不是他的权利和义务。再加上紫色模因中常有的对风险的厌恶态度，这就会形成一种后果严重的静止状态，在特定情况下会危害企业的未来生存能力。

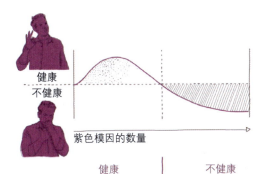

健康	不健康
集体归属感	裙带关系
集体认同感	逃避个人责任
忠诚	毫无批判性地同化个人
家庭精神、团队精神	与外界隔绝
善意的首领	对所有陌生事物持怀疑态度
集体利益高于个人利益	对变革的恐惧、麻木
巨大的经验宝库	对权威的盲目信任
……	……

| 红色模因

马丁的日记

12 月 15 日

今天实在太不容易了！过程很困难，但最后赢得太漂亮了！

一大早接到了董事长的电话，是关于中国市场的，这让我坐立不安。我跟他直言他的战略错了，他显然非常不快。但是不管了！我决定一条道走到黑，决不让步！

上午召开的团队会议又给年轻人洗了一遍脑。我只睡了四小时，他们一堆借口，漏洞百出，这不行，那不能做！彼得展示了他的方案，他的方案过于理论化，十分复杂；他试用期结束后应该不会转正。萨宾娜倒是很有毅力！她将来能成事，因为能咬紧牙关排除万难。从她上周五与乔治的争执中就能看出她的胆量……向她致敬！（写给我自己：当心！这是一条毒蛇！）

中午在会议室开会时宣布"销售额 +30"行动大获全胜！我们用雷霆般的速度获得了胜利，碾压了所有竞争对手！在竞争对手还在埋头做方案时，我们已经占领了市场。也许它们半年后会推出一种更成熟的产品，可是那时候我们早就占据了市场，或者我们还可以收购它们！

因为售后服务被投诉，保罗在管理会议上被所有人质疑了。这个难关他肯定挺不过去……如果他离职，我就能接手他的那块业务。早就该在那块"踩油门"了！我准备好了！

我的，我的，我的

紫色集体虽然能给予个体安全感，但是在很大程度上抑制了个体的主观能动性。面对安全却被操纵的状态，人们早晚会提出质疑，并会引发对自主性、个人主义的向往。他们一旦被红色模因感染，就会变得更勇敢、大胆，会像倔强的孩子或者叛逆的青少年挑战父母一样。他们会忽然发现首领或权威并不永远正确，并越来越频繁地吉质疑权威的指示、社会上四平八稳的准则。

红色模因导致人们不愿从众，不愿被动接受世界的一成不变，他们不断尝试冲破已有的界限。历史中充斥了数不清的红色模因：法国大革命、德国"68 运动"、波兰团结工会、维基泄密等。

红色的孤胆英雄们与既定的习惯、结构彻底决裂，面对冲突毫不畏惧，用勇气、决心向固化的制度发起冲击。这需要一种极高昂的斗志。他们的个人主义会将现有的固定集体建构冲击得混乱不堪，他们很快发现：世界是可以被改变的！这种意识又凸显了个体拥有的无限的可能性，增强了自信心。

毋庸讳言，在红色模因中，权力、财富的分配不均衡；"平等"意味着大家达成共识：谁有能力，谁就可以获得他想要的。他们特别欣赏这种内在的动力。紫色模因注重功绩、归属集体的实践，并以此作为权威的基础；而红色模因推崇的是"能力即正确"，谁能令人信服地运用权力，谁就是对的。因此，唯一摆脱压迫的办法就是增强和运用自己的权力；此过程中不可避

免的副作用、危害也被大家接受。所以，增长是他们的首要目的。这并不局限于自身的增长，收购也是红色企业战略的组成部分，无论是友好的收购还是恶意的收购。

自然而然地，红色模因在企业中不会被所有人推崇，但这并不意味着它对于企业不健康。恰恰相反，它被奥地利经济学家约瑟夫·熊彼特称为"具有创造性的破坏力"，如果缺少一定的红色模因，就无法施展身手。因为唯有摧毁现有的固定的模型与结构，才能催生创造力、创新。

头撞南墙

"界限"——红色组织的字典中没有这个词，"怀疑"和"过分的谨慎"同样不存在。所有的情感都闪电般地转化为行动。决策凭借直觉，并且不会更改。若是不小心头撞南墙，那就再来一回——这一次更用劲！它们的座右铭是：如果不能用暴力解决，那就用更强的暴力！无论如何，它们不会选择放弃。暂停下来思考最好的解决方法，这不是红色模因的行为方式。红色模因的能量、决断力能够达到移山的效果。彼得·德鲁克如是说："理念不能移动山峦，推土机才能！"红色模因就是推土机。

当危机来临时，红色模因尤为可贵。塞尔吉奥·马尔乔内接手执掌危机重重的菲亚特集团时，要求这个具有悠久历史的企业建立一种新的企业文化，不断质疑现有体系以加快企业发展速度。马尔乔内果断地与官僚主义的流程、根深蒂固的习惯决裂，以红色模因的开放姿态直言他对未来领导层的期望："这里不是布埃维斯塔社交俱乐部（一个位于古巴哈瓦那的俱乐部，举办舞蹈和音乐活动。——译者注）！但是，谁如果加入我们，追随我们的伟大的目标，并且不畏风险，这里就是完美之地。"

在杰克·韦尔奇执掌下的通用电气公司中，同样很少有轻松的氛围。他通过不断的重组，把通用电气公司引向了新的增长阶段。在很长的时间里，他把"对官僚主义零容忍"放在了首要位置，并呼吁员工们"拆除那些可能阻碍企业发展的铜墙铁壁"。在他的带领下，通用电气公司与原有习惯彻底决裂，并注入了新的活力。在进行企业收购时，他认为直觉远比"某些愚蠢的计算"重要得多；在决定人员任命时，他丝毫不讲情面。当时他在通用电器公司的绰号是"中子弹杰克"——中子弹能消灭人类，同时保证建筑物完好无损。杰克·韦尔奇每年都会无情地解雇 10% 的管理人员——他们的业绩相对落后，即使公司年度整体业绩十分辉煌。表现最好的则会获得高额奖金、公司股票等奖励。

杰克·韦尔奇反复强调说："做企业非常简单。"在一个红色模因占主导的企业中，过多的规则、流程往往起限制作用，因此它没有详细的职位描述、手册或行为准则，冗长的计划阶段、前期讨论统统被省略。红色企业非常没有耐心，它希望马上着手行动——现在就开始！具体的工作要求简短扼要，大家都清楚问题的解决方法：快速、全身心投入、不计较得失。当其他企业还在埋头整理战略计划、产品细则时，它已经早早开始实施行动了。在这种行动力之下，它不太可能对决策进行审慎的权衡，或者建立一个安全的周边环境；它会放弃大量的分析、测试，因为最重要的是速度。Facebook 总部的一张海报上写着"完成好过完美"，这是红色模因的口号。

它喜欢在市场上随时随地地学习。当传统电视台还在实验它们的网络电视方案时，奈飞公司已经建立起了全球性的试听服务。它的 CEO 里德·哈斯廷斯自豪地向外界展示了驱动他的企业和员工不断向前的价值观。其中之一是"勇气"，奈飞公司要求员工以快乐迎接冲突，以果断与勇气直面风险。红色模因让这个企业如虎添翼，它不仅向录像界发起了挑战，更向整个影视行业发起了进攻，完成了翻天覆地的变革。

世上无难事

杰夫·贝索斯原想把他的企业命名为"百折不挠"，后来决定采用这条地球上水量最丰富的河流的名称。在 20 世纪 90 年代中期，几乎没有人能够想象得到网络购物能像今天这样普遍。任何一个基于理性计算的商业案例都不会支持把一切都押在所谓的"网上交易"上。因而，Karstadt、Quelle 等传统的零售企业固守老的经验。但是杰夫·贝索斯没有！他勇敢、坚定地用亚马逊占领了网络世界，其他人却因胆怯而不敢涉足。

所有与史蒂夫·乔布斯共事过的人，都对他的"现实扭曲力场"感到绝望。现实扭曲力场是人们对他那令人难以置信的甚至貌似不现实的意志力的称呼。乔布斯一直活在他自己的世界里。他很少考虑自己发表的言论是否符合事实——无论是历史数据、亲自测试，或者这个点子到底是他自己的还是别人传递给他的。如果现实与他自己的现实相悖，他相信的一定是自己的现实。这种特质使得他能够改变计算机世界——尽管施乐、IBM 等公司拥有比他更强大的资源。乔布斯的朋友巴德·曲博回忆说："闯入史蒂夫的'现实扭曲力场'非常危险，但唯有如此，他才能够真正地改变现实。"

因为 CEO 认为世上没有"不可能",于是一种新的周边环境由此诞生,令不可能变成可能。乔丹·贝尔福特曾是叱咤风云的证券经纪人,他的故事后来被拍成电影《华尔街之狼》。对于他来说,世上同样没有不能改变的事情。"成功人士都深信命运掌握在自己手中,不做已有环境的牺牲品。如果已有环境太糟糕,他们就会动脑筋改变它。"即便越过法律底线的行为令他锒铛入狱,他仍怀着对个体能力的信仰,后来以成功学培训师的身份重返人生舞台,并宣称:"唯一阻挡在你与你的目标之间的,是那些狗屎一样的、告诉你你为什么达不到目标的说法。"他不顾船长的命令,在暴风雨天气驾着游艇出海,差点儿被淹死,这个事实充分说明他彻底地贯彻了自己的信条:拒绝任何人的发号施令——就连专家也不行。

对于红色企业而言,市场就是战场,竞争对手就是敌人。红色首领们在向他们的团队讲话时,喜欢运用形象的战争语言。如果输了一场厮杀,红色首领们会暴怒,就如乔布斯谈及苹果如何反击谷歌的安卓操作系统时所说的"如果有必要,我会战斗到生命的最后一刻,哪怕耗尽苹果的 400 亿美元的现金储备。我要摧毁安卓,因为它是偷来的产品。我随时愿意为了它而发动一场'热核战争'。"

红色企业的警报总是处于戒备状态!想想"警报"一词的法语词根"à l'arme"——"拿起武器",这是它最名副其实的含义。红色企业的座右铭是"进攻是最好的防守";预防性打击也是它的作战方式之一。网络孵化器公司 RocketInternet 的创始人奥利佛·萨姆威的一封写给员工的邮件不慎被泄露,他在其中号召大家进行"闪电战"。"唯一的问题在于'闪电战'的时机。所以当时机到来时,请你们务必用'鲜血'告诉我。我准备好了,随时出击！"他的遣词造句虽然在语法上不够平顺，但确保了所有人都能理解他的意思。萨姆威骄傲地自称"网络中最具攻击性的人"，所以当他说出"我会为了获胜而死"时，不会有人对此表示质疑。

红色企业唯一害怕的是失败、退缩带来的挫败感；它宁愿在战斗中"死亡"，也好过承受这样的耻辱。如果竭尽全力也无法挽回败局，红色模因会毫不犹豫地迅速指认一个替罪羊。

坚定的指挥官

亚历山大大帝无疑是个红色英雄，他的绝大部分执政时间被用来攻占国家和城市——从马其顿到印度。他用简单粗暴的方式解开了神秘的戈耳狄俄斯之结①。

中国的海尔集团是全球最大的家用电器制造商。在 1984 年张瑞敏先生接管该企业时，它已经濒临破产边缘。这位新上任的 CEO 发现，海尔集团的产品有明显的质量问题：很多电冰箱在出厂前就已经有缺陷了。他把所有员工召集在即将出厂的产品面前，用一把大锤子砸烂了一台电冰箱，并要求员工照做。大概没有其他更深刻、更激进的方式能传达"对劣质产品的零容忍"这条信息了。

红色首领会定期展示他们手中的权力，不容他人置疑，用尽一切手段维护自己的地位。第二阶梯的人会用同样的方法统治第三阶梯的人，以此类推。马基雅维利在中世纪传授、实行的就是红色价值观。在这个意大利政治家眼里，权威是本质的，怀疑是自然的，暴力是达到目的的有效手段。他在所撰写的《君主论》一书中忠告统治者们"被人畏惧胜过受人爱戴"。

---

① 戈耳狄俄斯之结是亚历山大大帝在弗里吉亚首都戈尔迪乌姆时的一个传说。现在一般作为一种隐喻——使用非常规方法解决不可解决的问题。

红色首领在高升的每一步中，都会炫耀、展现他们的权力。因为他们深深懂得，任何权力真空都会立刻被他人夺取。要红色模因中的人接受某种权力分配关系，接受他人手中掌握的权力高于自己的，是非常困难的。他们顶多暂时勉强服从目前的掌权者，并全神贯注于建立自己的权力、建立新的权力关系。

红色模因中的行为总是为了一个目的：不被他人限制或压制。他们为了达到这个目的不择手段。世界是一片丛林，生存就意味着斗争，这是大自然的规则。只有最强者才能成功，要么你战胜他人，要么你被他人战胜。显而易见，做强者把别人打倒好过做弱者被别人打倒。因此弱势群体无权抱怨。同情失败者？这是不可能的事。奈飞公司的系列剧《纸牌屋》的主角弗兰克·安德沃德具有强烈的成功意志，他为我们揭示了极强的红色价值观：

> "每只小猫咪都会长大。起初它们都是那么人畜无害，安静地舔着小盘子里的牛奶。可是一旦它们的爪子变得长而尖利，流血事件就开始发生了！有时流血的是那只喂给它们食物的手。我们这些梦想爬到食物链顶端的人，不能选择怜悯。只有一个规则：你要么是猎人，要么是猎物。"

服从的下属还是潜在的威胁

红色领导者的眼里有两种员工。第一种员工跟他非常像。当领导者与

下属同频时，这段关系中充斥了强烈的不信任感。因为这种员工野心勃勃，会对领导者造成威胁。第二种员工则完全没有红色模因，在领导者看来比较懒惰或软弱，或者兼而有之。领导者必须用强硬手段对他们施加管理才能取得成效。

因此，所谓的"胡萝卜加大棒"的管理方式，在红色管理层那里很受欢迎。"大棒"是实用有效的手段，将员工置于控制之下；"胡萝卜"则是各种奖励措施，鼓励员工竭尽全力，不断实现新的目标。直接的奖励手段会刺激员工的学习热情。只要指一下仍需占领的领域，许诺他们能获得部分成果，便足以激励员工。他们将抽象的激励手段视为无聊。在红色模因看来，最好的学习方式不是学习书本上的知识、听取好的建议，而是边做边学。

红色命令是明明白白的独裁指令，告诉你应该做什么。妥协的、自下而上的决策过程，在红色企业中非常少见。对于接受命令的人来说，异议、借口都没有用，因为他的任务是执行命令；但是他可以用同样方式命令他的下属。他可以自由选择所需的手段。他只要成功，就能得到部分奖励。他如果失败，就会受到惩罚。红色模因中的操控方式就是这么简单明了。奖励必须马上兑现，并明确所针对的具体成果。红色销售人员希望在做成一笔大买卖后马上得到奖金，而不必等到年底。

对于具有红色模因的人而言，即时满足非常重要。他们及时行乐、活在当下。叔本华也说过："唯有当下是永远存在的，它不可动摇地矗立着。"红色模因就生活在这种"当下"中。

　　而另一方面，惩罚在红色模因中并不一定导致行为方式的改变，而是容易引起争论。在这种情境中，友好的、讲究分寸的话反而适得其反，警告性言辞也完全无效。唯有掌握实权的领导者才能实施惩罚措施。但是，尽管如此，被惩罚者未必会感觉悔恨，更遑论有负罪感。

　　在红色企业中，员工会接受领导者的权力，至少在领导者行使其权力时。但如果领导者放松警惕，他的权力就会被危及，革命为时不远。温和的领导者在红色企业中很难立威。

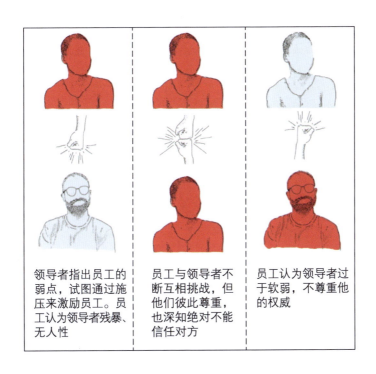

| 领导者指出员工的弱点，试图通过施压来激励员工。员工认为领导者残暴、无人性 | 员工与领导者不断互相挑战，但他们彼此尊重，也深知绝对不能信任对方 | 员工认为领导者过于软弱，不尊重他的权威 |

人人自危

　　红色企业内部的合作有一个前提：个体必须在短期内看到收益，或者大家共同抵抗一个外来的强敌。红色模因的座右铭是：不赞同我的，必是

对抗我的。因此，想要与他们进行平静的对话显然不太可能。在红色模因中，谁也不会遮掩自己的看法，这导致了另一点：若想在激烈辩论中挑战领导者，就只能采用攻击性的方式。一个彬彬有礼、内向自持的专家哪怕握有再多的事实论据，也不能指望别人洗耳恭听，更遑论力排众议获得认同。

显然，在红色企业中生存绝对不容易。红色企业的基础是那些无名的担任基础工作的员工，以前他们在轮船上加煤，今天他们夜以继日地在软件公司中完成各种计算、在咨询公司中分析数据或者在建筑设计事务所中制作模型。这些都是很艰苦的工作，很多人没能升职就已经离职。在红色企业中，员工被视为资源，很多人的精力被榨干，但是红色企业并不认为这是一个问题，因为还有很多人被奖金、职业前景吸引，排着长队等待给予他们机会。对于离去的人，红色企业也不会予以同情，因为他们显然太脆弱，无法在一个野蛮环境中生存。

新成员需要通过一些勇气测试，以证明他们的无畏精神。无论你是想加入洛杉矶南部中心区的街头帮派，还是想要在纽约的投资银行赢得声誉，其途径是一样的：你得证明你有"胆量"，尽管这两种组织截然不同。

被红色企业吸引的员工一般都非常渴望成功。他们坚定地追求职业生涯的发展，且深知面前的道路不是平坦的，因此绝对不会掉以轻心。他们期望能有机会证明自己，贯彻自己的主张，并为此疯狂努力。其中一些意志足够坚定的人，最终能够爬上职业生涯的天梯。他们虽然承受着巨大的压力，但将很快领悟到，他们可以把这些压力转嫁给自己的下属。

不健康的红色模因

人人自危，彼此倾轧，没有喘息时间，没有保障机制，没有秩序，这些也许很快会导致混乱。持续专注于当下的斗争，会让人看不清长远的后果。短暂的胜利可能会导致长期的不良影响，尤其当处于弱势的顾客、合作伙伴或者员工发现了其他的可能性时。

在红色模因中，我们很难找到多样化的对应方式，哪怕技巧性的、观望的行为也不被看好，因为他们喜欢快速、果断地行事。一旦某件事进入一个轨道，红色企业的作战计划中便没有所谓的休整、反思。同时，红色企业通常对计划抱着可有可无的态度，这从它对资源的浪费上可见一斑。

红色企业中的所有人都忙于稳固和扩大自己的权力范围，权力斗争自然是家常便饭，矛盾冲突时常公开爆发，但未必有助于共同发展。可靠性、信任在强势的红色企业中非常少，这不仅体现在人与人的交往上，也体现在对流程的协调中。协议、规则不重要，对协议、规则的挑战受到推崇。

红色企业中的关键问题在于忠诚度的缺失。在以自我为中心的红色斗争中，同事、企业的利益都不重要。并不是每个人都愿意为了生存而陷入斗争状态，因此不少顶级人才努力避开具有鲜明红色特征的企业；而在红色企业看来，这些人才不够强大，不适合职场生活。

缺乏计划性和秩序也会对企业的业绩产生负面影响。这种不协调的混乱很难带来良好的结果。一个不健康的红色企业的确很像一个杂乱无章的丛林。

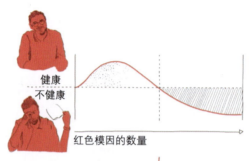

健康

不健康

红色模因的数量

健康	不健康
打破僵化的制度	残酷无情
斗争精神	自恋狂
勇气	目光短浅
速度	爱起冲突
执行力	肆无忌惮
决心	自大
不知疲倦	轻举妄动
……	……

蓝色模因

苏珊娜的日记

12 月 15 日　星期三 14 : 35

1．今天召开了大坝工程 2B 阶段协调委员会会议。

1）我做了涡轮机安装计划的展示，大家的讨论焦点集中在 4 号里程碑。我们需要彼得团队的资源，但 4 号里程碑不是他们负责的范围，他们也没有得到领导者批准可以提供支持。

2）11 月 22 日召开的会议提到了甲方的一些修改意见，我们会成立工作组对意见进行详细评估，下星期提交董事会审核。我对这种突如其来的改变总是抱着怀疑态度，因为这很容易打乱我们的既定流程，还可能影响质量。

2．公司关于 E-mail 的统一规定已经实行两个星期了，我们部门进行得很顺利，只有销售部门与众不同，多次无视内部备忘录。几个月前就定下的公司会议规则，还是有几个人做得不够好。已经批评过他们了，但似乎没有效果。

3．明天又轮到我进行一年一度的个人业绩评审，我想我的工作完成得很好，而且人力资源部门在"工作考核与评估系统"中对此做了文字说明。去年我在七个评估考核指标中的六个拿到了"95/100"的工作评分。从那时候起，我的岗位没有发生过变动，所以我今年的考评结果应该会更好。

4．人力资源部门下属的员工工作时间计划部门已经批准下星期给我多放一天假，因为我的工作时间超出了规定，必须在今后两个月内调休。这 12.5 小时的超时工作是我在项目的 2A 阶段积攒的。

一定得有秩序

红色模因最终导致了无政府主义与混乱局面。面对没完没了的斗争，任何人都会疲乏，就连红色战役中的胜利者也不例外。有关研究表明，人在混乱时期格外向往等级森严的结构。当他们意识到个人正在失去掌控，就会渴求周边环境带来秩序和可靠性。蓝色模因是能在混乱中导入秩序、清理混乱和重新组织的力量。

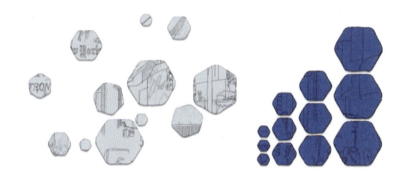

英国哲学家托马斯·霍布斯（1588—1679 年）在《利维坦》一书中提出的社会构想就以蓝色模因为基础。此书成书于英国内战期间，他认为人类天生就是在打一场"所有人对抗所有人"的战争，唯有一个拥有独立主权的政治制度才有能力建立起秩序。每个人都应放弃权力和自由，同时该政治制度又必须具有法治功能。

蓝色模因能够用具有预见性的计划引领人的行为。个体应当放低自我，服从制度；服从和勤奋应先于个人欲望。粗粗看来，蓝色模因与紫色模因很像，但蓝色集体与紫色集体的不同在于，凝聚其成员的不是家庭，而是形式化的组织中的结构。人忠诚于非人的制度，得到的是稳定性和可预见性。蓝色模因的规则具有一般约束力，能带来可靠性。因此，蓝色集体中的个体不把自己的服从视为对自由的放弃。

将组织组织起来

19 世纪初，随着人类社会发展到大批量生产阶段，工业巨头应运而生。蓝色模因在工厂和企业总部中随处可见。生产单一产品的、由所有人管理的企业，逐渐变成了大型工业企业，那种由单一的中心调控单元进行管理、协调的方式已经过时。

社会学家马克斯·韦伯（1854—1920 年）把官僚管理方式视为最有效、最合理的组织形式。虽然"官僚管理"在今天无人问津，但他的思想在当年被认为是企业管理学的一大进步。韦伯认为，与某个极具个人魅力的领导者相比，通过制度化的、非人性的官僚管理系统分配资源能获得更好的效果，尤其在准确性、稳定性、可靠性、纪律性等方面。按照这个思路，组织应该按照其功能进行组建，用规则和定义完整的职责加以凝聚，并补充以等级制度。

19 世纪 20 年代，蓝色模因对雄心勃勃的大企业的影响很大。在从集权管理的革新者转型为多部门结构的企业的过程中，杜邦、通用汽车、通用电子、美孚石油等公司，无不根据产品、区域进行结构重组，从集权管理的革新者转型为跨部门企业组织。当福特公司还是单一产品企业时，小阿尔弗莱德·斯洛恩已经在通用汽车公司引入了一个全新的组织结构，把企业划分成不同部门，即所谓的"产品部"。通用汽车公司通过建立别克、卡迪拉克、庞蒂克等一系列产品部，获得了巨大成功，最后发展成全球最大的汽车生产厂家之一。企业的日常运营部门权力分工明确，管理层负责协调各部门，分配预算与资源，从整体上掌控企业。

可靠的秩序为通用汽车公司奠定了效率基础。松下电器的创始人松下幸之助同样发现了蓝色模因在管理工作中的作用。他的目标是把创新型的发明转化成大批量产品，进行大批量、高质量、低成本的生产。在 19 世纪 30 年代，当协调良好的批量生产被视为通往成功的钥匙时，他说："企业应该致力于一个目标，即任何一种产品的生产都得像自来水一样——充足、便宜。"

万物有其位

将组织组织起来，这就是蓝色模因的目的。企业的职能——而非个体的感受、目的——被放在首要位置。蓝色模因主导的企业的核心是各种秩序，以便协调人与各种活动。用于描绘企业内部结构的组织结构图在蓝色企业备受青睐，它能将人、职位一一归类，令企业中的等级与关系一览无余。

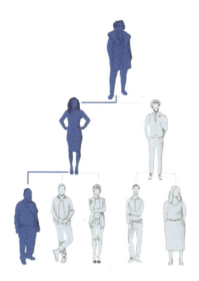

在蓝色企业中，人们遵守规则，若需要其他部门的帮助，都会通过官方渠道，而不会依靠人际关系。偏离给定的路径、抄近路等行为都被视违反规则。

蓝色模因的秩序是透明的、容易理解的，一切都井井有条。一般而言，蓝色企业中的职位都有明确标记，如头衔、工种等。同时，每个职位还有非常详尽的职位说明，职位说明中没有提到的工作范围，代表其属于另一个职位。超出所定义的工作范围之外的行为，在蓝色企业中既不受欢迎，也不被允许。

尽责的职位

与紫色模因、红色模因中的权威相反，蓝色模因中的权威并不系身于某个人，而是某个职位。蓝色企业的首领不需要依靠其个人魅力，他的职位将自动赋予他权威。可以这么说，领导者实际上是通过他的职位的权威来进行管理。蓝色模因不仅赋予了他的职位以权力，同时还有责任。

蓝色模因中的秩序模型不仅是水平的，也是垂直的。在蓝色模因占主导的企业中，没有人会左顾右盼、心猿意马，人们在现存的秩序中获得自我实现。每个等级都承担着不同的工作与责任。权力关系、指挥链也是透明的，并被所有人认可。如此看来，军队中存有大量蓝色模因就不足为怪了（通常与红色模因结合）：新兵一入伍就宣誓将遵守行为准则；除了明确的等级结构，对于制服、语言、发型的一系列规定也凸显了军队中的蓝色模因。此外，指挥链与各职位的权力和责任一样，是不容置疑的。

发动机中润滑良好的小齿轮

弗雷德里克·泰勒的科学管理学说为职场带来了大量蓝色模因。他对未经协调的胡乱尝试和随意的估计都不屑一顾，他寻找的是一条能够正确组织各种工作的道路。泰勒学说的核心是高标准化——将大目标分解成若干简单的小目标，对其进行精确的描述并使其处于控制状态。在泰勒的生产流程中，工人的批判性思维和主观能动性都是不必要的。相反，工人必须遵照规定，可靠地完成他们的工作任务。

蓝色模因主导的企业很像某些工业技术设备。在最理想的状态中，它就像一台润滑良好的机器：每个齿轮都非常可靠，能同步运行，而且使用

寿命很长。无论是管理人员还是员工，每个人都知道他的工作职责，能根据计划顺利地完成他的工作任务。蓝色企业中的互动不会偶然发生，而是发生在规定的场所。这要求个体具有极高的自律性。流程末尾的综合结果很少会让人意外。

个体如果像卓别林在《摩登时代》中扮演的流水线工人那样偏离指令，那么在一个紧凑的蓝色流程中，可能导致严重的后果。卓别林在高强度、不间断的监督下做他的流水线工作，只需完成几个单调的工作步骤，然而高速运转的流水线、紧凑的生产流程不允许哪怕最细微的偏差的发生。他不过是飞快地挠了一下痒痒，就打乱了工作节奏，为整个机器的生产带来了混乱。他与监工头一时兴起的对话、与嗡嗡乱飞的小飞虫的"斗争"，都导致了车间流程中的故障。

客观的责任感

蓝色模因用一系列规则、法律来定义一条"正确的道路"，即能把世界维持在正确轨道中的行为方式。其他如自由诠释、灰色地带，在蓝色模因中是没有位置的。同时，它所制定的规则不会像紫色模因的标准、红色模因的命令那样随着掌权者的个人爱憎而改变。蓝色模因要求人人必须遵守规则。假如会议须知中明确规定了开会前应该关掉手机，而在开会期间有手机响了，那么在这个满溢着蓝色模因的会议室中，肯定会有人对此提出批评。违反规则的人必然受到相应惩罚。

　　在蓝色企业中，人们对等级制度的推崇也体现在学习行为上。人们更愿意听从更高职位的人的意见，认为他们受人尊敬且具有权威。熟记较长篇幅的文章？这在蓝色文化中也同样不是问题。

　　责任感、毅力都是蓝色模因的优点，但这种认真的态度使得蓝色企业的员工非常固执：启动的任务必须完成。这里需要说明一点，这种固执与红色模因的偏执完全不同。如果说红色模因是拳击比赛，蓝色模因则是马拉松。蓝色模因不会通过闪电袭击、有力的打击达到目的，它擅长坚持，哪怕过程缓慢且烦琐。蓝色模因的这种毅力具有巨大的质量潜力，因为没有人满足低于要求的状况，每一步都必须精确到毫米。福尔克·希克是巴登符腾堡州机电一体化专业网络的总经理，他对德国机械制造业中蓝色模因的优劣知根知底。"我们在市场、技术上进行根本性的改变，通常需要花费比别人更多的时间。然而我们一旦掌握了它，就会启动整个机制，运用我们的专业技能，调动从学徒到工程师的所有人力，往往能抢在竞争对手前面生产出创新型的、可靠的新产品。"

　　在蓝色企业中，追求稳定性的不仅有一般员工，还有管理层甚至企业领导层。所有职位、流程都彼此契合，没人会冒险扰乱这种驾轻就熟的、几乎机械化的运行方式。即便需要调整，既定的职位一定比担任职位的人更重要。因而在重组蓝色组织时，会客观地围绕着组织计划展开，而非以个人感受为准。向往稳定的蓝色模因可以阻止轻率的人员替换——那有可能导致混乱无序。

　　在蓝色模因中，感性的东西一般没有什么地位，专业性更受推崇。蓝色人不追逐直接的满足，而是寄希望于将来的福报，愿意用努力、谦卑来

赢取它。蓝色模因的节俭取代了红色模因的挥霍；严格的行为准则、内在的负罪感将红色模因的欲望牢牢禁锢。蓝色人的座右铭是：所有的享乐都会令人悔恨。在蓝色人看来，谦卑是高尚的品德，一如努力工作与自我约束。蓝色人的行为肯定符合对自己身份的要求，他们在面对需要承担的职责时充满谦卑。德国前总理赫尔穆特·施密特在生前最后的几次电视采访中对自己工作的诠释处处洋溢着蓝色模因。他对政治浪漫主义和愿景闭口不谈，而是被冷静、责任感、清晰的思维所引导。他当年在汉堡大洪水造成的一片混乱中挺身而出，引入井然的秩序，从而成就了他政治职业生涯的第一件功绩。这一切绝非偶然。他对自己的职业生涯做了这样的总结："我希望给大家留下的印象是，我认定并履行了我的职责。"

可计划的工作步骤，只有小错误

一般而言，对于工作差错容忍度较低的企业更偏爱蓝色模因。例如，航空业的语言被高度标准化，以防止出现误解。在其官方语言中，有些数字的叫法被调整了，如汉语中的"1"被调整为"幺"，以免与"7"混淆，就连某些整句也被统一了。无论飞行员驾驶着熟悉的飞机在熟悉的航线上飞了多少趟，他在每次飞行前都会遵守检查清单、标准流程的要求。对驾驶舱中的这种强大的蓝色模因表示嘉许的，应该不仅仅是乘坐飞机的旅客们。当然，这种行为比较单调，可是大家宁愿要一个能不厌其烦地重复同样的流程、步骤的飞行员，

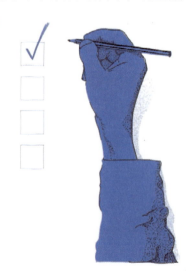

也不愿要一个希望在飞行中展示伟大创造力的飞行员。

　　建造大桥、核电站也一样，应在工作流程中尽量避免意外。在规避风险占据首要地位的行业中，对于安全性有最高追求的蓝色模因便能大显身手。它用精确到分甚至秒的、尽量详尽的计划来应对未来的不可知，一步步从一个里程碑走到下一个里程碑。蓝色模因的项目计划会对工作分配、职责分管、权威等一一做出规范。

　　丰田生产系统已经成为全球生产车间中的标准系统，其中的很多工作原则都包含典型的蓝色模因。例如，Muda 工作原则的目的是避免浪费；Poka Yoke 防错原则是从技术角度确保规避人为错误；5S 原则则用以规范工作环境。在一个用 5S 原则组织的工作台上，每个工具都有明确指定的、标示好的摆放位置。丰田生产系统为丰田汽车公司异军突起、成为全球最大的汽车制造商之一奠定了坚实的基础。时至今日，这种蓝色模因不仅被成功地运用于其他汽车制造商，更在大量其他领域发挥效用，甚至出现了 5S 办公文化，在办公桌上为每支铅笔、每个电脑鼠标设定一个固定位置。

可靠的操控

　　从发动机的单个小齿轮上很难看到整体，因此蓝色企业非常强调有效的协调、自上而下的操控。行动指令一般自上而下传达给执行者，只要它足够透明且符合规定，就会被遵照执行。凭直觉做出的决策一般不太容易被接受。

　　蓝色模因不喜欢主观能动性，个人的自由空间相对较小。员工与领导者的最大期望是持续性、稳定性。如果有人质疑规则，那么领导者的命令

就是次一级的方向引导。员工希望得到与现有规则相符的明确指示，领导层的空谈会导致大家不知所措，轻易地更改现有规则会令蓝色人产生抗拒心理。约定具有法律性质，哪怕击掌也有效——当然，书面合同还是强过击掌。蓝色模因就是喜欢正式、官方；它偏爱书面形式，最好还能用数字排出次序。

蓝色企业会用精确到分钟的打卡制度将员工的工作时间记录下来。员工在参加个人业绩评估会时，桌上除了正式的评估主题文件，必定放着一份标准化的评估矩阵表。领导者对员工的评估参照明确规定的各种标准，比较透明。所有内容都根据规定做了书面记录。员工的职业发展路径明确，上升空间也许不大，但是可以规划。企业用以激励员工的也不是快速晋升的机会，而是从认真、可靠地完成所分配的工作中获得成功感。想变个花样的愿望在蓝色企业中一般不会有，因为规范化更为重要。

各个职位的报酬也是透明的，一如他们承担的工作。蓝色模因不太考虑对业绩突出的个体给予特殊奖励或认可，因为这与蓝色模因的谦卑相悖。蓝色人更看重他人对自己的责任感的认可与尊敬。在蓝色企业中，领导者的激励手段与施瓦本风格相近："没批评就是表扬！"来自其他模因圈的员工通常难以理解这种激励手段，因为他们习惯于工作优秀时获得相应的认可。也许其他模因圈的领导者会说"干得太棒了"，再加上猛拍肩膀，而在蓝色企业中，领导者即便有所表示，也不过是点头认可而已。

统一的标准

规则不仅具有限制性，也能把生活简单化。标准降低了复杂性，带来可预见性。集装箱的标准尺寸为 2.352 米宽、2.393 米高，国际船运业从中受益匪浅。这个尺寸本身不好也不坏，关键在于大家都认可它为标准。这使得装船比玩俄罗斯方块还简单。

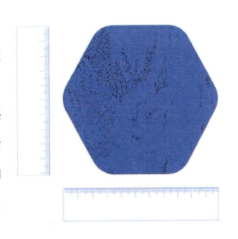

即便在日常生活中，我们也能感受到如果没有统一的标准，很多事情便会麻烦得多！例如，电脑、手机的充电插口也许在国外就不能用，因为没有统一的标准，或者标准不同。

标准在蓝色企业中随处可见，无论是流程、工艺还是表格，无论是在人力资源部门、财务部门还是在生产部门。标准化不仅能降低错误，还能提高效率。因此，标准化成为很多企业实现增长的有效途径。

连锁餐饮业的成功也要归功于蓝色模因。罗艾·克罗克首次步入一家麦当劳餐厅时，对麦当劳餐厅的流程的合理、高效印象深刻，他想起了福特公司的生产流水线。他说服了所有人，自己参股并开始把麦当劳的高效流程推广到各地。他如痴如醉地打造新餐厅的所有细节，不相信任何偶然；在他的标准化工作中，质量、清洁、服务、价格等构成了基本要素。直至今日，麦当劳还在遵循同样的思路，其他连锁餐饮企业也是如此。每个顾客都获得同质的同样产品，餐厅的内部装修、员工的工作制服都被标准化了。这样做出来的汉堡套餐的味道果然到处都一样，无论是在美国、欧洲还是亚洲。除此之外，还有一些针对各国不同情况的标准，这就只在各地分公司内部有效。如果厨师想在这类连锁餐厅里发挥他的创造力，发明一种新口味的汉堡——这种可能性应该极其微小。

不健康的蓝色模因

可靠性与稳定性固然非常重要，可是蓝色模因同样有它的劣势：过度的官僚主义是其中之一。当一切能被规范的都被规范了时，企业变得像一个刻板的庞然大物，内部的运行是机械性的，而非动态的、务实的。同时，如此膨胀的系统单单为了维持自身的运转就需要耗费大量的资源。规范一切、控制一切、记录一切自有它的代价。

当个体需要自由空间以建立他的职责领域、管理他的生产力时，蓝色模因的规则会带来低效率。上面做出的被认为正确的规定，也许无法在下面各层级推开，因为在蓝色模因中，执行者一般不具有全局观，也没有自主改变的权限。

这种务求尽善尽美地组织内部步骤、结构、流程的心态，有时会变成蓝色企业的绞索。因为它的核心关注点不再是顾客，而是内部问题！在周边环境中发生的，即在组织外部发生的，对蓝色企业而言都成了次要问题。

蓝色模因本身比较僵化，它的可靠性中掩藏着刻板的缺点。蓝色模因的既有成果都被视为铁律，不允许被议论。这很可能导致不健康的依赖性。在蓝色模因中，一切都向规则看齐。可是，万一规则并不正确呢？或者，规则也许曾经是正确的，但是世界在不断变化，使规则不再适用？屡见不鲜的是，规则的寿命常常超过了它应该存在的时限。但是蓝色模因不会挑战规则，相反还要维护它们。

蓝色模因对任何需要一定灵活性的事物都无可奈何。信息的交换只能通过官方渠道，而不能利用有效的人际关系网络。职位说明固然详尽地规定了工作范围，但也暗示了不需要做的工作。可想而知，这些工作自然没人去做。

　　责任感是一回事，但发挥主观能动性、无须分配任务也能创造新价值完全是另一回事。蓝色人习惯于"组织"发号施令，并负责推进、协调；自发地做事在他们看来再荒唐不过。蓝色模因对错误的零容忍虽然能够保证可靠的结果，却也阻碍了任何实验行为。因而，蓝色企业的创新率与它的错误率一样低。

　　蓝色企业可能会犯一个错误：试图把总部的条条框框套入企业的其他领域、子公司，至于这些规则是否符合实际需要，则是次要的。当蓝色企业收购了活力十足的初创公司，并试图给它套上自己的蓝色束身衣时，也会面临类似的挑战：它原想引入的创新文化在这个过程中消失殆尽。

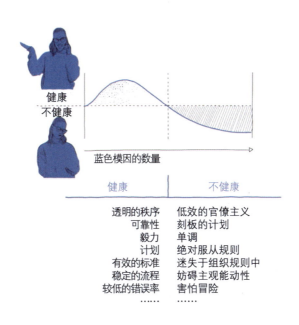

健康	不健康
透明的秩序	低效的官僚主义
可靠性	刻板的计划
毅力	单调
计划	绝对服从规则
有效的标准	迷失于组织规则中
稳定的流程	妨碍主观能动性
较低的错误率	害怕冒险
……	……

| 橙色模因

托比亚斯的日记

11 月 17 日

我能搞定！如果下星期麦尔股份有限公司、布洛克斯密德公司这两家公司也签约的话，我就完成了今年的销售指标！这意味着奖金！今天我了解到彼得这个月的业绩不乐观，根据目前的数据来看，他那个靠近大门口的最前排的车位明年就是我的了！哇，太好了！总之我在麦尔和布洛克斯密德两家公司的工作很有效，麦尔股份有限公司会把原计划明年才下的单子提前到今年，当然我会给他们一些折扣。

总的来看，目前公司的情况不错。今年的业绩增长率能达到14%，产品线 Wave 很对客户的胃口，而且我们也在各种服务排行榜中遥遥领先。新产品线 Wave Pro 即将投放市场，肯定卖得好！另外，我们还进行了内部优化，我想我今年的奖金肯定很丰厚。今天在做业绩评估时，我暗示了如果不行的话，我会考虑一些新的改变。这显然是聪明的做法。

法比安是我目前唯一头疼的问题，他的业绩跟我的期望值相去甚远，他没有什么主观能动性，业绩也没有起色。可惜我现在没有找到能替代他的人，只好继续留着他。一旦有合适的人选，我会立马让他走人。我已经跟人力资源部门打过招呼，让他们留心找人——不能在我们找到替补之前，他先走了。

福祸自招

蓝色模因可以带来稳定性与可靠性，但是，在蓝色模因的等级结构、规则中，仍然有人能比其他人获得更好的职位。蓝色模因再强大，蓝色人依然能够找到自由空间来为自己谋取利益。

这时，蓝色人对规则的接纳度便会降低，并进一步产生对种种局限、职责的怀疑。个体的成功表明了真理并不只有这一个版本，人完全能够自己掌握自己的命运。橙色模因不会指出某条正确道路，它指出的是很多条可能的道路。其中的诀窍在于如何找到那条前景最广阔的路，而且不摧毁整个系统——红色模因可能会摧毁它。

个体的欲望在蓝色模因中被打压、抑制，在橙色模因中重生，被橙色模因感染的人努力追求晋升与成功。他们发现自己有机会改善自己的生活，前提是发现、抓住机会并找到通往成功的最佳途径。这样，业绩优秀时就会获得嘉奖，而且远比蓝色模因通过勤奋、毅力更快地得到回报。个人的雄心、务实的乐观主义渐渐脱颖而出。

每当历史进程进入一个全新的阶段，橙色模因就会大量涌现：文艺复兴也好，第二次世界大战后的经济奇迹也好，都是如此。美国的《独立宣言》中充斥着橙色模因：其中被称为人权的，除了"生命"还有"自由和对幸福的追求"。人们应当拥有把握自己幸福的自由。

橙色经济理论的开山鼻祖之一是亚当·斯密（1723—1790年），他在《国富论》一书中提出，个人利益与市场竞争是保证经济发展的两大支柱，其中必然会有赢家、输家，这是自然法则。正如阿巴乐队唱的"赢家拿走一切，输家如此弱小"。可以赢得的会越来越多，橙色人永远欲壑难填。葛登·盖柯在获奖影片《华尔街》中深信不疑地说："贪婪是好的！"对于这个野心勃勃的投资银行家而言，贪婪不仅是好的，更是人类进步中不可或缺的一大驱动力。

在竞争中胜出——无论是对内还是对外

虽然葛登·盖柯有点夸张了，但不可否认的是，健康的橙色模因是企业的一个重要发动机。橙色人喜欢运用主观能动性发现机会、寻找解决方案。橙色企业全力争胜。蓝色模因关注的重点是内部工作流程，而橙色模因则把目光投向外部、投向需要搏杀之处：客户、客户的需求、竞争对手，以及市场发展动向。

斯考特·库克是财捷公司的CEO，他声称财捷得益于"第47个行动者优势"，而非"首位先行者优势"。也就是说，市场上至少能找到46个类似产品，但也许正因为如此，财捷发现了自己的机会！竞争对手的产品在客户满意度上有很大缺陷，财捷的产品恰恰投客户所好，所以它迅速发展成私人理财软件中的领头羊。它的企业文化始终聚焦于客户，公司创始人亲自为员工做培训，教他们如何发现客户的问题，并就此提出相应的解决方案。

德国伍尔特集团也具有鲜明的橙色模因，这要归功于其领导者赖因霍尔德·伍尔特。该企业从一个小小的五金店起家，发展到今天在80个国家拥有 400 个分公司、正式雇用了 3 万多名全职的销售人员。他雄心万丈的企业家精神，也在企业文化中深深扎了根。例如，他规定所有管理层人员每年都要抽出几天时间，跟随销售团队去一线工作。他公布员工的个人业绩，从而促进了内部的竞争机制。企业要求每个员工都要有明确的目标，并且目标与企业的发展计划相得益彰。薪水与个人业绩挂钩，公司配车也根据个人的销售业绩而定。该企业尤其做到了一点：善于发现"最佳实践"并在企业中迅速推广这些实践。只要能带来成功，就会受到重视。

更高、更快、更远

橙色模因深信永远还能提高，永远还有向上的空间，永远有机会让自己的生活变得更好；只要你发现并利用机会。理查德·布兰森是这样说的："商业机会就像大巴，永远有下一班。"人应当善于抓住机会，这在他看来是最正常不过的事情，哪怕当时还不太明白如何抓住："如果有人给你一个绝妙的机会，你不知道能否有效利用，也请说'好的'，以后可以学习怎么做。"橙色模因看到眼前的各种良机，对自己的能力怀着中肯的自信，喜欢梦想远大的前程：就算不能拿到奥运金牌、奥斯卡大奖，也得在自己的行业中达到相应级别的成就。

橙色人把困难视为充满机会的挑战。橙色人充满自信、干劲十足，努力获得最佳结果。别人也许出于消极态度而停步不前，他们则无比乐观。但是，万一真的出错了怎么办？不用担心，希望总是有的！橙色人善于不断为自己鼓劲，不断从

头开始；橙色人非常不喜欢失败，但有时失败是无法避免的，他们相信会有新的机会。

　　杰夫·贝索斯的亚马逊文化除了有"永不言败"的红色模因，还掺入了大量橙色模因：他要求员工也具有企业家精神，围绕业绩思考；他不惧怕竞争，要求大家产出结果。亚马逊的领导原则充满了橙色模因。

- 100% 以客户为核心：领导者首先想到的是客户，一切围绕客户而定。
- 企业家精神：领导者将自己视为企业家。
- 结果导向：领导者全神贯注于他的业务范围中最重要的需求，并动用一切资源满足该需求。
- 即使有疑虑，也要放手去做：很多决策、行动即便存有疑窦，也是可以纠正的。推崇可控制的冒险。
- 雄心：领导者必须对自己、对他人提出极高要求，即使某些要求显得不符合实际。
- 大格局思维：谁的思维格局小，谁就无法实现高处的目标。

　　亚马逊对于个人业绩进行精准的评估，并给予相应奖励。谁的业绩好，就能拿到非常优厚的奖金。不太想拼搏的人很难在亚马逊文化中生存。亚马逊的员工经常会提到周末加班、夜间加班、复活节期间马拉松式的会议等非工作日的工作。

　　对于胜利的渴望驱使亚马逊不断进军新的领域：它开发的 Kindle 电子书阅读器成了电子阅读的标杆；它将亚马逊网站发展成了"无所不卖"的网店，并拥有一个无比强大的物流网络；它的网上录像店占领了原来Blockbuster、传统电视台的市场；亚马逊云服务被视为该行业的先锋，把传统 IT 公司远远地甩在了背后。

亚马逊的某些点子没有获得预想的成功，如亚马逊烈火手机，但失败本身是橙色模因的一部分。杰夫·贝索斯不喜欢失败，但他深信："我们开始的每一场博弈都是实验性质的。实验有可能失败，但几个较大的成功就能平衡一打的不成功。"

橙色模因深切地明白每个机会都意味着一定的风险。它用技巧、智谋代替红色模因的推土机风格；红色模因完全生活在此时此地，橙色模因放眼不远的未来——但是橙色模因必须在不久的未来看到收益，不然它会立刻寻找其他显然更有可能成功的机会。

企业的领导者

领导者若被橙色模因接纳，他首先需要具备的条件就是成功！对橙色模因而言，一切照旧等于退步：企业得一年比一年发展得好，尤其要超过竞争对手。因此，橙色模因很喜欢采用个人目标系统、绩效工资等方式。只要达到既定目标，那么在通往目标的道路上，自主性、个人解决方案都享有自由空间。目标与自控管理风格就带着强烈的橙色特征（见第 4 章）。零售巨头沃尔玛的创始人山姆·沃尔顿一直坚决追求橙色模因的管理模型，他的建议

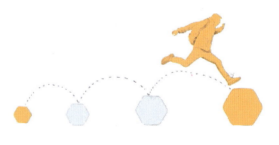

如下："设立高远的目标，鼓励竞争，不断评分！"橙色世界如此简单。

红色模因惯用"胡萝卜加大棒"，橙色模因只用"胡萝卜"。橙色员工很难留在一个试图用惩罚手段达到震慑作用的企业中，他们会掉头寻找一

个能提供更多"胡萝卜"的新环境。

业绩评估是橙色企业的重要工具，因为员工需要知道他们所处的位置——无论是在通往目标的道路上，还是在与他人的业绩比较中。唯有如此，他们才能评价、提高自我。体育界常用的排名能让个人业绩变得清晰可见，而且是荣誉、能力的见证。我的前东家曾经对新员工提出一个要求，必须在入职后的几个月中通过各种难度很高的笔试、口试；考试结果将被一一公布在企业内部网上。企业内部的压力因此很大，但是新员工的业绩相应非常突出。

莱纳·佛斯曾经是个非常成功的投资银行家，现在靠利息收入过着优哉游哉的日子。他在纪录片《宇宙之王》中向我们展示了投资银行中的橙色模因。投资银行的氛围中渗透了雄心万丈的目标，它的座右铭是"业绩每年增长 10%！怎么做到是你自己的事"。只有结果最重要！谁掌握了最快捷的成功之路、最有效的手段，谁就能在投资银行中脱颖而出。"无论你多老多蠢，"就如佛斯所说的那样，"你很快就能出名！我很年轻时就获得了很好的晋升机会，眨眼间，我赚的钱越来越多。"当然，在橙色企业中，私人生活必须为工作让路，但是无论他本人，还是他的周边环境，对此全无异议。橙色人的驱动力除了个人成功，还有与对手的竞争——这个动机非常具有橙色特征。"当时我们有个对手——一家跟我们竞争的银行。我们虽然从未将关键的一点说出口，可是大家心里非常明白：我们要做对方一直做的生意，而且要比它们做得更好。"

在务实中求新

一般而言，橙色模因对于新的理念十分开明。橙色人具有强烈的求知欲、学习欲，尤其当他发现知识、能力能够有助于职业发展，或者能提高其声誉时。如果知识能帮助其达到目标，他就会对此抱有浓厚的兴趣；如果一知半解够用了，他也就觉得够了。

因此，通常有两种思路能驱动橙色模因中的好奇心：哪里有机会？怎样才能尽快获得想要的结果？"为什么"远远不如"怎样"重要。不必把一个问题的方方面面都理解得非常透彻，务实的解决方案才是关键。这种解决方案不要求在理论上的完美，只要求在实际应用中有效即可。

橙色模因把变化视为机会，而非危机。因为变化的产生代表着重新洗牌，表示一切都有可能。橙色企业深深了解它的市场与客户，紧密跟踪各种潮流，"扫描"周边环境以寻找契机。如果有所发现，它会实验。纸上谈兵对它而言是不够的。橙色模因的创新的关键组成部分之一就是实验。

硅谷的初创公司创造了"Pivoting"这个概念，寓意是如果某个商业模式不奏效，就坚决地抛弃它。因为橙色模因内含这种屡败屡战的态度，因此人们才能竭尽全力追求高远的目标。即使意外地失败了，他们也不会就此在耻辱中沉沦，而是会从头再来。托马斯·爱迪生（1847—1931 年）也没有因为受到打击而一蹶不振，而是说："我没有失败，我只是确定了一千种行不通的方式。"这位精明的发明家、商人除了能不断找到可行的解决方案，还永远把客户放在中心位置。"如果是卖不出的东西，我就不会去发明它。"他对卖不掉的东西没有兴趣。

务实的实用主义

橙色模因十分重视实用主义，比起将来的果实，它更喜欢快速的成功。它习惯用成本—收益分析来确定自己的想法。橙色企业家喜欢分出轻重缓

急：能带来最大收益的将首先完成，无用的就不做了。在橙色模因看来，所有项目不可能具有同等的重要性，那就像所有人赚的钱都一样多。

与蓝色模因相反，橙色模因中的等级制度、组织结构都更务实。出于身份地位方面的考虑，头衔可能会比较重要，但是头衔背后的结构组成却远非如此。所以人们会进行频繁的交流沟通，只要能在某个特定环境中有帮助即可。在形式主义的组织结构中找到捷径，这在橙色模因中司空见惯。橙色部门会与企业中最适合当下情境的部门、团队合作，无视组织结构图中关于职责范围、流程的种种规定。

橙色企业通常重视销售和市场，组织结构尽量简洁灵活，官僚主义被降到最低水平。所有不能快速地、有效地带来可见效益的流程，在它看来都有官僚主义的嫌疑。橙色企业热爱自主性、自由空间，而非具有限制性的规则。

橙色企业为了达到目的可以不择手段，因而对待非规则行为比较宽容。在橙色企业看来，在灰色地带的运作不算违反规则。例如，爱彼迎对原本井然有序的酒店业、房屋租赁业造成的冲击，令它的竞争对手们开始指责它破坏规则、为自己牟利。但是爱彼迎并不把自己视为不正当的竞争对手，而是一个聪明的中介商，因而不认为自己有错。

务实主义的橙色人的决策经常会突破他人眼中明确划分的界限。只要能带来更好的结果，他就会重新审视已有的决策。当为了达到更好的结果而做出偏离原先决策的决策时，橙色人甚至会要求合作伙伴对此持理解态度。

橙色人喜欢竞争，因而橙色模因可能会激励一种被认为操纵他人的行为方式。但在橙色人看来，影响他人并无不妥，这也是博弈的一部分！一切为了利益。橙色人也喜欢走捷径，经常在工作中不动声色地跳过、绕过流程的某些步骤或形式。当别人排着队静静等候时，橙色玩家已经冲到了第一排。

在面对冲突时，橙色人会自问那个根本问题：近期内这能给我个人带来什么收益？在橙色人看来，公开矛盾并不总是明智的；有时忍耐是更好的战略，因为能带来更好的结果。但是如果这样放任自流下去，实用主义有可能变成机会主义。橙色人不仅会见风使舵，就连自己也会变成风中的那面旗子。

人人为己

橙色企业的员工从第一天上班起就有明确的职业生涯规划，并坚定地将之付诸实施。橙色企业对待员工的态度是业绩为先。谁的业绩越好，谁的工资越高，谁越能顺利地攀登职业顶峰。同事对于橙色人而言当然很重要，但前提是他们能帮助自己提高，无论是私人生活还是职场。当对自己有利时，他们会寻求合作；当团队合作比单枪匹马能带来更好的结果时，他们会暂时搁置"自我"。

不能、不想如此拼命的，就会被看似能带来更好结果的人取代。麦肯锡的"要么上去、要么出去"政策无疑体现的是橙色模因。升不上去的就

只能离开;员工每年都会重新投入这场内部竞争,就连资深合伙人也得不断证明自己,否则也会被淘汰。这种政策当然会导致很高的人员流动率,但是橙色企业可以接受,因为它追求动态的进步,而非稳定性。员工被视为业绩提供者,重要的不是人,而是他们提供的结果。一位资深员工在《我为什么要离开高盛》一书中这样批评高盛投资银行:"如果你今天为公司赚了足够的钱,而且正好不是拿斧子杀人的凶手,你马上能升到有影响力的位置。"能赚钱的人就能升职。

这种高强度的竞争、业绩压力,当然会造成不少牺牲品,但这并不意味着橙色企业制度化地任由员工燃尽最后一点能量。橙色企业关注的不仅有机会,还有后备人才管理:那些有潜力获得好成绩的人也会被提拔。橙色企业就像足球教练,会根据球员的表现和一定的标准来组建团队。一个资深的巨星的表现如果不符合期望,也有可能被年轻球员取代。现实就是如此!员工的忠诚肯定不是橙色企业的特色,而反过来,员工也不觉得橙色企业有很强的凝聚力。一旦竞争对手开出更好的条件,橙色人可能立即跳槽。这里的"更好"不仅指工资,还代指橙色人重视的方方面面,包括职业发展前景、自由空间、地位等。

我的房子、车、游艇

在橙色模因中,个人成就能带来认可、尊敬甚至艳羡。橙色人喜欢展示自己的成就:豪车、独家设计的服装、艺术品、名表、单人办公室、最显眼的停车位……橙色世界充斥着地位象征,没有上限,金钱尤其适合作为一种象征。当我们去问那些成功的商人,他们明明已经赚了花不完的钱,为什么还不愿退休、享受人生,而是一如既往地拼命做生意时,他们的回答一般是：因为金钱就是量化的成功！麦当劳的思想领袖雷·克罗克曾经说过："金钱于我的全部意义，就是在获得它们时伴随的自豪感。"美国前总统唐纳德·特朗普则声称："赚钱从来不是我的主要动力。真正激动人心的是玩这场游戏。"

橙色的"奖杯"可以是物质的，也可以是非物质的。例如，被评为"本月优秀员工"的销售人员，他的大幅照片被挂在墙上展示。还有在公司庆典上被请到台上的人，由于出色的业绩而成了暂时的明星，这也是一种带有橙色模因的驱动力。

橙色模因总是驱使人们与周围环境进行比较，甚至在非橙色模因根本不觉得有竞争的时候也是如此。橙色的主人非常喜欢这座独一无二的豪宅，因为它是本街区上最大的房子。

此类橙色模因的传播到底有多么广泛，可以从以下调查中看出来。调查人员让人们从两个假设情境中选择一个。第一种情境是，他们年收入 9 万美元，而邻居年收入 10 万美元。第二种情境是，他们年收入 11 万美元，比第一种多 1 万美元，但是邻居年收入 20 万美元，比他们多得多。结果大多数人选择了第一种情境，因为相对拥有比绝对拥有重要！排名是关键。

不健康的橙色模因

当橙色模因泛滥后，人与人、人与组织会不断疏远。这种过度的竞争

意识、随时追求比别人更好的状态，会不利于人与人之间的关系。橙色企业中的合作、交流都不是自然产生的，而是在可以看见个人利益时才产生。在橙色企业中，人们只相信一点：每个人都得不断进行自我优化。有一个典型的橙色信念：要扭曲规则，而不要破坏规则。但是规则能够被扭曲到何等程度，何时才被视为"破坏"，橙色人对此的评价非常宽松。橙色人的个性使他们无法出于道德层面考虑而自我约束，"哪里有问题？大家不都这么干吗"的想法大行其道。

谁跟不上就只好被淘汰；短期表现不佳的人在橙色企业中只享有极短的减值期。同时，内部竞争也使得大家容易忽视组织内部宝贵的协同作用，因为忙于自我优化的个体之间缺乏协调与交流。那个统领一切的组织目标也因此很容易被快速遗忘。

橙色人很少关注企业十年后会如何，他强大的个人主义、实用主义，佐以至多着眼于中期目标的时间表，会阻碍企业长远的、持续的发展。因此，诸如庞大的战略制定过程、广泛的参与、细致的方案、认真的计划等，对于橙色人而言，都显得不实用、过于理论化，他更喜欢实际尝试。

橙色人善于从根本上分清轻重缓急，但是这个优点可能会跟其他橙色优点发生摩擦——那种渴望不断发现机会的优点。即便已经拥有很多可能性，橙色人还是会发现更多他想把握的机会。其中的危险不言而喻：他容易彻底迷失在充满无限可能性的世界中。

在橙色企业中，某人取得的成就越多，就越受到尊敬；一开始还算健康的自信心，可能会随着不断的确认而烙上自恋的印记。习惯了成功的赢家们如此自负，即便企业的整体业绩不佳，他们也认为自己应该拿到丰厚的奖金。橙色赢家不会在危机来临时卷起袖子一起加油干，而是选择尽快离开"沉船"，到别处实现其伟大的职业生涯。

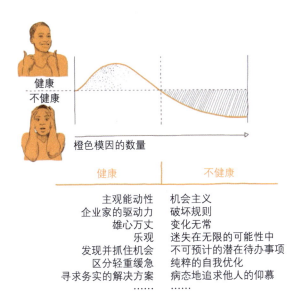

健康	不健康
主观能动性	机会主义
企业家的驱动力	破坏规则
雄心万丈	变化无常
乐观	迷失在无限的可能性中
发现并抓住机会	不可预计的潜在待办事项
区分轻重缓急	纯粹的自我优化
寻求务实的解决方案	病态地追求他人的仰慕
……	……

115

绿色模因

马库斯的日记

3 月 15 日 星期三

今天很开心！在开团队会议时，我们就两个比较棘手的同事交流了意见：玛利亚、克劳斯。会议全票通过为他们两人配置个人发展教练，和去年为斯蒂芬配置的是同一个教练。斯蒂芬从中获得很大收益，进步神速。能够帮助他走过那个低谷，我们都很高兴，而且我相信这也令整个团队受益匪浅。在今天的会议中，我们还对管理风格进行了反思：我们是否过于严格了？做管理者并不容易，我希望我的团队成员明白我永远支持他们。

午饭是和贝特拉姆、苏珊娜一起吃的。我们特地带上苏珊娜，是为了在小圈子范围内跟她做一次坦诚的对话，因为她刚加入团队不久。我们告诉她大家对她的毫无感情的邮件的反响不是很好，她显然大吃一惊。跟她实话实说，对我们也不轻松，但是我想这样才能帮助她与同事们建立起更好的关系。饭后我们一起散步。空气里弥漫着春天的气息，太美妙了！

对于过几天就要开始的员工绩效评估谈话，我下午做了准备。我认真地做这件事，因为这些谈话在我看来很重要。我为有这么棒的团队而自豪，也希望大家都能感受到我的自豪感。不知道他们对我会有怎样的反馈意见……

快下班时我收到了董事会发来的邮件，最新营业数据出炉了。形势还是大好，整个集团的业绩增长率达到 3%，除了波鸿的工厂还是在继续亏损。但是大家决定，无论如何也要保住这个工厂，坚决不裁员。我们永远坚持以人为本，真棒！

和谐相处

恰到好处的橙色模因不仅能令企业受益，对技术、科学、人类的普遍发展进程也一样。橙色模因的潜力能大幅度改善个体的生活。但是，成功的代价往往是孤独。竞争意识当道之处，包容和真正的友谊很难有容身之所。甲壳虫乐队就已经唱过了："你需要的不过是爱！"

一旦被绿色模因感染，就连橙色赢家也不再渴望被众人艳羡，而是希望被大家喜爱；输家则希望不被抛弃、被尊重、被接纳。人们深深渴望与

他人友好相处，不再时刻投入竞争，而是在和谐中休戚与共。取胜、拥有被参与、分享取而代之。

与蓝色模因中毫无个人色彩的规则相反，在绿色模因中，人们能够进行个人的、情感的交流。紫色模因的焦点是与某个集体的关系，

而绿色模因则把个体放在中心地位。每个人都会被接纳。每个人的经历、家庭背景、个性……他的所有一切都被视为正确的、重要的。绿色模因对人、人的体验与感情充满热情。

哲学家卢梭（1712—1778 年）的身上洋溢着绿色模因。他相信人性本善，猛烈抨击当时人们的顽固、虚荣，以及在此基础上建立的社会制度。他的理念对法国大革命具有深远的影响，其"自由、平等、博爱"的口号中传递着绿色模因的价值观。即便大革命本身如同其他任何一次革命那样充斥着红色模因。

19 世纪早期的浪漫主义同样推崇绿色模因。为了对抗橙色—蓝色模因的工业革命、紫色—红色模因的贵族统治制度，他们颂扬自然的意义。20 世纪 60 年代的嬉皮士运动也打出了绿色模因的旗帜，他们提出的"和平、平等、反权威、反物质主义"的口号，不仅是对红色模因战争的反抗，更是将矛头对准了橙色—蓝色模因的现有制度。

"人"这个企业

20 世纪 60 年代，瑞士思想家、作家马克思·弗里施（1911—1991 年）在观察了外国移民工人的状况后如是说："我们呼唤的是劳动力，应声而来的是人。"绿色企业也是如此，把员工不仅看成劳动力，更把他们看成人。例如，星巴克就把员工说成合作伙伴，自豪于它提供给所有员工（也包括钟点工）的优厚的健康医疗保险；星巴克还注重多样化，在内部有意识地促进员工的融合、平等。

绿色模因带来同事之间的亲近，能营造一种让员工没有惧怕心理的氛围，无论是面对领导者还是工作失误。美国西南航空公司是全世界最便宜的廉价航空公司，它的 Logo 是一颗彩色的心脏：该企业的远大目标中除了经济利益，还充满着绿色模因的憧憬："（我们）要成为全球最受欢迎的、利润最高的航空公司。"它为自己制定的价值观中包含如下部分："……做一个激情洋溢的团队成员，尊敬他人，……做一个平等主义者，追随黄金定律，急他人所急。"

绿色模因会促成一种对于个人关系的深切信任。在绿色模因占主导的企业中，员工觉得自己被重视。绿色人会对他人的未来、看法表示关切。在 Ubiquity 退休金与储蓄保险公司，员工每天下班时都会按一下键表达他们的精神状态。他们一共有五个键可供选择，从幸福的微笑表示愉快的一天，直至悲伤的表情表示这天过得很糟糕。该公司认真地搜集这些数据，因为公司想了解员工的情绪状态。

加入绿色企业的新员工能够很快认识所有同事并建立个人关系。领导者通常会亲自带着新员工参观整个企业，并为他一一介绍。在企业内部杂志或内部网的新员工信息公告中，私人的信息与个人的专业信息、职业信息占据同等比例。总之，人们感兴趣的不仅仅是他的工作能力，也包括他这个人。

绿色模因能够在企业中营造舒适的工作氛围。工作岗位不是冰冷的、毫无私人印记的。办公室的门一般都敞开着。工作与生活的平衡至关重要，绿色企业罕有超长的工作时间，员工可以放心地因参加儿子的足球比赛、女儿的生日派对而拒绝加班，一般而言，他们总能找到热心的同事代班。

绿色团队会毫不吝啬地帮助工作链条中最薄弱的环节，而不会抛弃他们。绿色人秉承"给予比获取更幸福"的理念，帮助他人不是一项令人讨厌的义务，而是激励人心的。他们喜欢被他人需要的感觉，会互相帮助。在绿色团队中，同事都是朋友。

朋友之间自然不存在等级制度、社会阶层。恰恰相反，突出某个人会损害友谊框架。绿色团队优待的并不是那些表现突出的人，而是那些迫切需要帮助的人。

绿色企业中的所有人都具有同等价值，是平等的，哪怕公司领导层也不享有优先停车位，也要与员工一起在食堂排队吃饭。利润的分配尽量公平，工资差距相对较小。公平意味着大家得到的差不多，但是如果有人迫切需要，就可以多得一些。一位企业家朋友跟我谈到了他的领导经验以及他企业中的绿色模因：

> "员工眼中最重要的是平等！没有什么比觉得遭受了不公正对待更令大家义愤填膺的了。有一次我们犯了个错误，奖励一位年轻员工一辆豪车，这把大家彻底激怒了！之前我从未想过这有任何问题。我们的企业就是这样：如果大家得到的都少，一点问题也没有；但是如果有个人多得了，问题就大了。我很担心，因为这样容易导致平均主义和对工作业绩的极度反感。"

以心领导

绿色企业的离职率很低，这不仅与良好的工作氛围有关，亲密的个人关系也起着很大的作用。在绿色企业中，管理层扮演的不是首领、驱使者的角色，而是一个教练，在团队员工需要时为他们出谋划策。他是团队的一员，随时为任何成员提供帮助。其他模因中的指导、命令，在绿色模因中具有建议的特征，如集体讨论后一致通过的解决方案。员工如果在绿色企业中得到坏消息，甚至必须被解雇时，领导层会感觉痛苦心碎。如果他的个人表现不尽如人意，领导层通常会对他的处境表示谅解，为他排除某些障碍，为他制定个人发展规划，提供培训或者教练课程。他们不会轻易地指责某个员工表现不好。在某个人身上寻找错误的根源——这种做法有悖于绿色模因的团队精神。

管理学中被称为"情商"的，就是绿色模因的领导风格的根本。丹尼尔·戈尔曼是这个体系的代表人物，他认为高情商领导者具有以下能力。

- 自我意识：能够辨识自己的感觉、感情与驱动力，并能理解它们对别人的影响。
- 自我调控：能够控制自己的情绪。
- 移情能力：能够理解他人的情绪，并相应地与之对话。
- 社会能力：能够建立、维护与他人的关系，找到彼此的共同点，从而达成共识。
- 内驱力：超越金钱、地位的工作热情。

绿色企业从不吝惜赞美，它深信员工唯有幸福才能带来优异的工作表现。但是这种赞美针对的不是某个人，而是所有参与者的合作努力。绿色人习惯采用谦卑的态度：业绩优秀者很少追求公开的赞许。此外，绿色企业规定责任不应该由某个人承担，而应该由多人共同承担。

绿色人不期望领导者什么都知道。如果管理人员暴露了自己的弱点，也不会危及他的地位，而是会为他带来更多尊重。这也是员工与领导者的个人关系所带来的效果。绿色人喜欢反思自己，开放地接受他人的反馈——最好还是不同角度的反馈。

绿色人的核心学习动力是对他人的兴趣和对共同寻找解决方案的兴

趣，但是绿色人对评分或者其他的个人评估则持拒绝态度。对于他们而言，对某事抱有兴趣比透彻理解某事更重要。绿色企业的领导者秉承该原则，不会全盘信任各种报告、数据。他们的董事会成员宁愿自己拜访各地分支机构，与员工面对面互动。

充满信任的团队合作

在以人、人与人的关系为中心的场合，绿色模因都是非常重要的。如果缺乏相当数量的绿色模因，良好的团队合作就无法想象。

说到谷歌的绿色模因，我们很容易联想到它极其先锋派风格的工作环境。五颜六色的装饰和友好愉悦的氛围，使谷歌不像一个传统的工作场所，而更像一个冒险游戏场所。它一开始的领导风格并不带有鲜明的绿色模因，而是渗透了创始人拉里·佩奇的领导风格：不私人化，注重分析，富有侵略性的野心；对知识和革命性的解决方案的热情，多年来一直鞭策着企业前进；社交也不是他的强项。当佩吉多年后重登谷歌 CEO 宝座，他向最高领导层发表了一次不同寻常的演讲：他要求谷歌从此对斗争零容忍；他坦承谷歌过去要求领导层展示极强的侵略性，却罔顾造成的各种损失；唯有当谷歌面临直线型问题，如把市场份额从"无"提升到"具有竞争力"再提升到"具有压倒性优势"时，这种"侵略性"领导风格才是有效的。但现在面临的挑战越来越复杂，领导层必须学会实现更好的合作。

在很长一段时间内，谷歌认为，只要聚集最优秀的人才，就能组建最好的团队。现在他们想深入了解团队内部的状态。他们成立了亚里士多德项目组，由统计学家、分析师、组织心理学家、社会学家深入分析 100 多个团队，以找出哪些因素有助于团队的成功：团队成员以前就认识吗？他们的兴趣是否相似？奖惩制度的效果到底如何？性格内向的员工和性格外向的员工、男女员工之间的关系究竟怎样？第一次调查结果给大家浇了一瓢冷水。谷歌人群分析部门的经理艾贝尔·杜北总结说："我们调查了全公司的 180 个团队，采集了大量数据，但是没有找到一丁点线索可以证明，将特定个性、能力与背景的员工组合在一起会让工作产生明显差异。根据目前结果来看，谁来工作好像并不重要。"但显而易见的是，有一个因素对团队成功有重要的影响：一种由彼此的信任、尊重构成的团队文化。在这种团队文化中，人们可以尽情做自己，深知个人意见不会被简单粗暴地驳回。在这种团队文化中，成员习惯于彼此倾听，理解他人的需求与感受。亚里士多德项目证明，即便在谷歌这样雄心万丈的、受数据驱使的组织中，这样的文化同样适用。

责任感就是品牌象征

这种能够建立良好人际关系的绿色模因，不仅在企业内部，在企业与客户、供应商的关系中也能起到很大的作用。客户进入一个洋溢着绿色模因的企业或饭店，他能感受到扑面而来的友好、热情是真诚的。在与供应商打交道时，如果能百分之百地信任对方，无疑能创造一种良好的体验。

绿色企业具有强烈的社会责任感；它会不遗余力地避免对他人、对环境造成不良的影响。人们大概不会在一个上市的奢侈品牌公司中寻找绿色模因，但在意大利设计师布鲁内洛·库奇内利及其同名品牌的成名故事中洋溢着绿色模因。他对客户、员工、股份持有人做出的保证令人信服："金钱只有在被用于改善生活时，才是有价值的。这也是我们的目标。"

他的公司遵循严格的道德准则，要求承担社会责任、保护环境和尊重人的尊严等。库奇内利将他的员工称为"思考的灵魂"；员工的工资比市场平均水平高出约 20%，而管理人员的工资最多只是普通员工 8 倍。他告诉投资者，他的公司永远不会压榨客户或供应商。虽然公司没有利润便无法生存，但他指出："利润本身并无价值。利润应当服务于人的尊严，否则利润没有任何价值。"

格茨·W. 维尔纳发现，绿色模因不仅在奢侈品行业，在价格高度敏感的廉价超市中也占有一席之地。DM 药妆连锁超市的创始人一向以他的反权威领导风格而著称，他有意识地推行对话而非下达指令。从人员配制到工资分配，员工被赋予发言权。每个员工都应该作为人受到尊重。格茨·W. 维尔纳强调："如果我们年底发现企业赚了很多钱，那么我们就做错了！这意味着我们对人的投资太少——对客户或员工的投入太少。"

和平、快乐、皆大欢喜

绿色模因也是一种平均主义，它避免任何不平等，哪怕只是苗头也不行。有意出人头地的人，绿色人会认为他过于自负、傲慢，会威胁到绿色集体的共生。政治性正确对绿色集体具有极大影响，他们竭尽全力避免歧视，认为任何人都不应该被排除在外。一张写有"圣诞节快乐"的卡片传递的只是对圣诞节的祝福；而一句"节日快乐"就能把所有节日都包括在内。那些政治性不太正确的笑话也很难在绿色企业中收获笑声，反而会引起种种忧虑。

沟通是绿色模因的中心要素。最佳的沟通方式是面对面交谈。在交谈过程中，倾听、揣摩言下之意、寻找共同点同等重要。绿色模因的移情能力使真正的对话变得可能。人们可以推心置腹地畅谈，直到所有观点都被谈透、被理解。所以，绿色企业的会议时间一般都很长。绿色企业会邀请很多员工参加会议，在可能的情况下，最好每个想参加的或与会议议程有关系的员工都能参加。绿色企业宁愿讨论后没有达成共识，也不愿接受未经讨论的结果。卡尔·瓦伦丁曾经说：“什么都已经讨论过了，只是有些人没有参与讨论。”

每个人只要愿意，就可以参与绿色决策过程，这与该人的职位级别、工作经验没有关系。达成共识远比冰冷的事实、匿名的调查、抽象的方案重要。朋友、同事的意见通常比正式的权威、陌生的专家的建议更有分量。绿色人会倾听不同的意见，再根据感觉做出决策，而非基于理性或逻辑。他们决策的时间可能很长，可协议一旦达成，将对所有人有约束力。

然而，绿色团队中一旦出现矛盾，就会令全体成员面临一个悖论。一方面，每个人都有权表达意见，且每个意见都同样重要；另一方面，见解上的差异会影响和谐。因此绿色人通常愿意放低自己的愿望与需求，不希望因自己的意见而发生争吵。没有人因为反对意见而感到被冒犯。为了大家都珍视的和谐，他们会努力维持良好的氛围，但是内心有可能觉得受伤而愤愤不平。这种对和谐的追求，导致他们很难发现暗暗发酵的矛盾和问题。当雷曼兄弟事件的发生隐有征兆时，它的管理层早已形成了一种对矛盾讳莫如深的文化。当危机爆发时，该企业是“华尔街上最和谐的企业之一”。没有人有勇气破坏和谐、指出根本性的问题，在董事会中，批评性的争论是禁区。

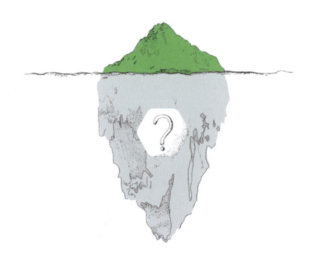

不健康的绿色模因

可悲的是，不健康的绿色模因通常产生在长时期运行良好的企业中。这些企业被顺境、相对容易获得的成功麻痹了头脑，某种自满情绪悄悄渗透，最后陷入危险的舒适区而不自知。

这种将所有参与者的感受放在中心的做法，导致绿色企业对周围环境的变化不敏感。即便意识到了变化，企业也会因为投入大量时间去寻找共识而受阻。寻找最佳的妥协、令所有人满意、不歧视任何人，实现此类理念极其耗时耗力。这个过程如果拖得过长，会使一些重要决策不断被推迟、搁置和重新协商，直到所有人都参与进来。这种对和谐的追求，阻碍了意在找到最佳解决方案的批判性争论。关键的方向性行动很难贯彻实行，因为它们意味着要做出某些牺牲。某些壮士断腕的改革，如关闭一个亏本的分支机构，会违背绿色企业的意愿，哪怕企业的生死悬于一线。

绿色模因的从众性不利于个体个性的发展。我行我素有可能危害平等性，长此以往，过度注重同一性的绿色团队容易排挤自我负责的精神。每个人都相信自己有需要时一定会获得他人的帮助；绿色人寄希望于他人，而非自己把握自己的命运。绿色团队也容易陷入一种"所有人一起做所有事"的模式，而到了最后，没有人真正觉得自己应当承担责任。

　　绿色模因中的习惯性友好态度，有时很难与商业关系中对专业性的要求相得益彰。与客户、供货商或者其他利益相关人形成的私人关系可能反而有害，尤其当他们不得不推行比较不得人心的决策时。私人关系有时会阻碍合理的必要行为。绿色决策往往跟随心，而不一定遵循头脑。

　　绿色团队会用绿色态度面对敌意，也就是高雅的矜持。但是，一味把另一边脸颊也伸过去，时间长了会令人厌烦且效果不好。绿色团队的惩罚手段是收回其友谊和好感，但这对富有攻击性的对手的震慑力也很有限。其结果是绿色团队会陷入绝望，自怜自艾，而不是化绝望为力量，寻求改变。

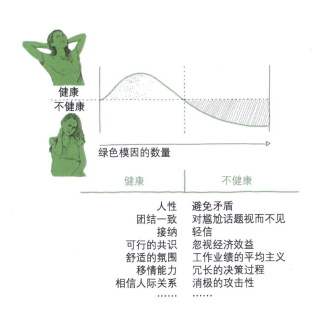

健康	不健康
人性	避免矛盾
团结一致	对尴尬话题视而不见
接纳	轻信
可行的共识	忽视经济效益
舒适的氛围	工作业绩的平均主义
移情能力	冗长的决策过程
相信人际关系	消极的攻击性
……	……

| 黄色模因

彼得的日记

12 月 12 日

在 DATaSi 工作了 5 年，我还是很喜欢这家公司。我从没在一家公司待过这么久！以前在 Epsilon 的时光真是太无聊了。当然，它给的工资不错，但是销售压力、流程规定让我没有半点自由空间。而且它还要求我们每个人成为"Epsilon 人"，但我不愿意。

这里不知要好上多少。这里的工作有些像在大学实验室的工作……紧张、有趣。

Sigma12 项目的计算工作进展得非常顺利。这个程序简直太棒了，整个行业只有我们这一家企业有！我们用它为产品应用提供各种知识。原来我们凭直觉做出的决策，现在可以依靠海量的数据做出。因此现在做出决策的速度更快，决策的质量更好。在 Sigma12 项目中，我还通过 X-Change-App 和新加坡的苏珊娜、悉尼的汤姆合作。虽然我发现苏珊娜有很多不足之处，但是这不重要，因为她的专业知识能为我们提供极大的帮助！

Quest X 项目已经开始两个星期了；我拟了框架，现在需要填充数据。德国、英国的合作伙伴已经把所有信息发给我了，但是荷兰的合作伙伴认为方案过于理论化。太匪夷所思了！我们的说明书共有 45 页，详细地描述了它的实际用途。该有的信息全有了！他们难道没有读懂说明书？看来我得把整个方案规划连同所有参数、系数发给他们才行……

敢于求知

绿色模因创造的是一种人性化的文化，能让工作、生活环境变得舒适。但是人们无论怎么努力，还是会面对一些无法解决的问题。人们当然可以随时互相帮助，但是，从根本上解决问题是最好的。为了从根本上解决问题，除了良好的人际关系，人们还需要正确的知识。在这个背景下，黄色模因应运而生，它追求知识、提出问题、寻求答案。

康德在《启蒙》一文中疾呼："大胆地运用理性吧！"这无疑是黄色模因的座右铭。它追求理性的知识，遵循理性而非感性。在思想启蒙运动时期，新的知识向四平八稳的传统思维发起挑战并最终胜出。新的知识是建立在好奇心、逻辑、理性与科学合理性基础上的知识。思想启蒙运动时期的大思想家不愿意相信任何既定真理，而是不断求知。黄色人认为规范化的见解不仅无聊透顶，而且限制良多。黄色人追求自由思考，深信唯有在开放的思想中提出的问题，才能最终引领人们走向真理。

"21 世纪的文盲不再是不会读写的人，而是那些不会学习、不能丢掉陋习、不愿再学习的人。"著名的未来学家埃尔文·托夫勒对此深信不疑。思想启蒙运动时期最大胆的思想家，恐怕做梦都想不到今天每个人都能获得如此海量的信息。放眼看去，触目皆是信息来源。当大多数人被互联网连接在一起后，物联网又开始了对物体的连接。数据可以自动地被获取、传递、组合。车辆与修理厂、冰箱与智能手机、叉车与货物……它们可以交流，交流后又会产生规模庞大的数据。这个时代是"大数据时代"。

知识已经成为企业的一个关键资源。早在 20 世纪中期，管理学界的领军人物就已经提出了这个预言；而互联网加速并强化了这种发展进程。

向往未知领域

詹姆斯·乔拉什是纽约科学之家的创始人，那里弥漫着黄色模因。有一次我们在意大利的伊斯基亚岛会面，他激情满怀地向我展示了他的新玩具：一种数学算法，它能逐个分析近几十年里所有重要的象棋比赛。因为他本人热爱下象棋，所以对他而言，这个程序与阿马尔菲海岸的自然美景平分秋色。他无比热情地投入那些表格与测评结果中，希望能设计一款分析未来棋局的程序。我问他："你为什么要做这个？"他答道："因为我很感兴趣啊！我的兴趣让我坐立不安。迄今为止没人研究过这个。"

正是这种探索家的特质在驱使、激励着黄色人突破已知的范畴、思考一切，无论是自身的经验还是他人的期望，都不能阻止其寻找全新的理念与答案。探索的关键在于理论上的可能性。某个发现是否能致富，是否能改变世界，或者是否能引起大众的关注，这些对其都不重要。探索的魅力在于发现前人未知的新事物。

正是基于这样的原因，19世纪末戈特利布·戴姆勒与好友威廉·迈巴赫钻进了斯图加特附近的一个院子里的一间黑洞洞的小屋。从此以后，小屋里面没日没夜地传出怪异的榔头敲击声和金属碰撞声，后来连警察都惊动了，周围的人想知道这两个发明家在偷偷摸摸地做什么。谜底于1885年揭晓，戴姆勒在好友的帮助下，成功改进了一种由汽油驱动的内燃机，并将其安装在一辆木制的两轮车上，人类历史上第一台发动机驱动的车辆宣告诞生，其采用的发动机是人类设计的第一台汽油发动机。这两位天才机械设计师在此项目中表现得像两个极端狂烈分子：他们不想改进马车，而要创造一种全新的交通工具，一种不再依赖铁轨、人力或畜力的交通工具。

但是，戴姆勒不是一个企业家，他是发明家和技术人员，他的发明带来的经济上的硕果最终被他人摘取，因为他不喜欢被商业扰乱思路。他在给朋友的信里说："真是见鬼了！人们总是在吃亏后才会变得聪明。搞技术的只想安静思考，却总被舌灿莲花的商人搅得无法集中注意力。"

在黄色模因主导的企业中，好奇心就是原则。自由奔放的黄色模因可以引发创造力；在黄色企业中，大多数人都有新奇的想法。针对错综复杂的问题而寻求答案，这不仅是黄色模因的强项，更是它的全部激情所在！黄色人会满怀信心、耐力十足，完全投入相应的工作，将思维开放性与好奇心、持久性思考以及面对智识挑战时的愉悦感结合在一起。黄色企业中诞生的理念会被他人视为未来主义的、不切实际的，甚至第一眼看上去根本不能理解。

众所周知，谷歌是黄色模因的集大成者。谷歌的员工认为在谷歌工作就像进行一场无休止的博士论文答辩。谷歌的员工都自命不凡，喜欢对任何一个理念进行智识挑战。就连谷歌创始人拉里·佩奇与员工的沟通也必须基于理念与知识，而非通过情感。他非常关注员工的个人职责与能力。谷歌的"20% 的工作时间"曾经轰动一时，也取得了巨大的成功。"20% 的工作时间"即谷歌的技术人员可以用 20% 的工作时间做任何他们感兴趣的事，但是所做的事情得跟谷歌有关系，这是为数不多的几个先决条件之一。谷歌通过此项目促进员工的创造力和创新精神。事实也正如预期，诸如谷歌新闻、谷歌 AdSense 广告计划、Gmail 等产品，都源自此类项目。

谷歌为了确保所招聘的新员工具有黄色模因，还启用了人才过滤器。例如，他们在硅谷的高速公路上做了一个巨大的广告牌，上面只有一道算

{e数字序列的前十位数字}.com

术题。

答案是"7427466391.com"。在浏览器的地址栏输入该网址后会自动跳入下一个匿名网站,里面还有一道算术题。谁要是答对了这道题,谷歌就会向他发出职位申请。

黄色模因不仅在科技行业的那几个巨头企业中司空见惯,产品与服务相对简单的企业也希望通过新知识来塑造竞争优势。电动牙刷 Oral-B 天才系列产品被放在一个影响极大的科技展会上展示,这款牙刷能确知哪颗牙被刷干净了,哪颗牙还应该补救一下。装入牙刷内部的传感器为用户提供信息,帮助他们清洁牙齿,还能在刷牙用力过度或力度不够时发出警报。相应的 App 借助手机相机,能为个人制订适合其面部结构的"刷牙计划"。谁若认为牙刷就是个简单的工具,他此时大概会大跌眼镜。

黄色人对知识的渴求,不仅局限于产品应用方面,还会对生产工艺、物流与仓储方案、采购方法等做出最精确的分析与评估。

进步是好事

德国中型企业格哈德·布朗公司是地下室墙壁系统的领头企业。大家一般以为这个行业不需要应用新技术。这就大错特错了!该企业一直在使用"地球观测卫星"以获取各种建筑项目的数据、卫星照片。该数据服务的提供方是慕尼黑的一家年轻企业 Building Radar,它的计算程序能在互联网中自动搜寻全球各地的各种建筑规划的信息。"在建筑开工前两三年就能为您发现项目!"这是 Building Radar 对客户做出的信息优势的承诺。

也许所有与建筑相关的企业在若干年后都会启用此类服务，而那些黄色模因较多的企业肯定会捷足先登。

在黄色模因较少的企业中，人们耳熟能详的一句话是："进步当然好，但是……"这个"但是"不会出现在黄色模因占主导的企业中。这些企业深信"进步肯定是好的"，为此它们激情投入。当大部分企业还在使用打字机时，黄色企业已经有了 E-mail 邮箱。"技术福音"在黄色企业中没有任何禁忌。黄色企业认为，几乎一切都可以被某种算法取代。

在深受欢迎的情景喜剧《生活大爆炸》中，物理学家谢尔顿·库珀与他的朋友们（一位物理学家、一位工程师和一位天文物理学家）的生活中充斥着黄色模因。他们的人际关系完全服务于知识的交流，这是典型的黄色模因。对于复杂的社会习俗，他们毫无兴趣，这导致社会连接变得困难重重。尽管如此，他们还是努力建立友谊，不过是通过黄色模因所依赖的方式——某种计算方法。他们的计划不是很成功，当大家试图找到共同的兴趣爱好时，算法经常会在一连串程序中死机。无论是骑马、水上运动，还是攀岩，他人的兴趣爱好未必与谢尔顿的相吻合。

马克·安德雷森是互联网先驱，《连线》杂志称他为"创造未来之人"。他经常强调互联网化会导致一种自我淘汰："随着电脑和互联网的普及，出现了两种人：一种人告诉电脑应该做些什么，另一种人需要电脑告诉他们该做些什么。"黄色模因能帮助企业文化向第一种方向发展，它总是站在进步的最前沿。当人们与新理念密切接触时，就会产生黄色模因。《经济学人》杂志把硅谷这个"技术世界之大脑"写成封面故事时，采用了"极客帝国"这样的标题。

"最好对书呆子客气一点！你将来很有可能会为他们工作。"这个忠告迅速在互联网上走红。大家认为这是比尔·盖茨说的，但其实并非如此。近几十年来涌现出的大批增长最迅速的新兴企业，都始终贯彻其创始人的黄色模因。要想在技术竞争中获得一席之地，就必须拥有健康的黄色模因。

知识是原材料

在黄色企业中，所有信息都是公开的，几乎没有秘密。在黄色人看来，分享知识并不意味着交出知识，而是意味着增加知识。当听到埃隆·马斯克在特斯拉官网上用博客宣布特斯拉将放弃专利保护权时，很多人震惊不已。马斯克认为知识应当为所有人服务，也包括竞争对手，而专利保护势必会阻碍进步。不仅是其他电动车制造厂家，特斯拉最终也必然获益于一个共同的科技平台。

黄色模因虽然比较崇尚个人主义，但也深知专业人士互联后所能带来的优势。无论如何，重要的是能从最好的知识和能力中获益。为了达到这个目的，黄色人寻找与其他专业人士合作，于是一种知识网络就建立起来。专业人士可以将他们的技能置入这种知识网络。尤其是那些在某个领域内的权威人物更是广受欢迎。黄色模因占主导地位的团队合作注重的不是人，而是事实与解决方案，如有需要，黄色人会很乐意汲取他人的知识。同时，谁要是想梳理自己的思路，就可以独自回到某个安静的小房间。

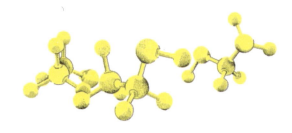

在黄色人看来，世界充满了彼此关联的变量。只有先理解这些变量，才能理解这个世界，进而解决问题，实现自我发展。轻易接受看似最好的答案，这对黄色人而言是绝对不可行的。因为所有的答案都会导向新的问题，随之而来的又是更多的答案、更多的问题。寻找答案的道路并不简单，但黄色的探险家们坚持保持清醒和客观。在黄色模因中，知识不仅是决策的基石，更是道德、伦理、原则的基础。黄色人希望真正理解知识，随后得出相应结论。黄色人毫不掩饰自己的好奇心，对问题进行全方位的思考。与橙色人经常满足于一知半解相反，黄色人渴望了解一切与所提出的问题有关的知识。黄色人的原则就是不断地深入钻研。

黄色人带着雄心与耐心全力地寻找答案，但是通常还没等找到第一个答案，新的问题就已经出现。于是要更深入地发掘知识……在这个过程中，知识来源非常关键，因为黄色人深知，很多错误想法正是源于错误的知识。因而，拥有正确的知识来源和原则上只依据事实数据尤为重要。这种寻找答案的过程充满了乐趣，哪怕它长路漫漫，随时有可能面对失败。但是寻

到的答案能令人忘却所有的疲倦、辛劳，并激励探险家们继续发掘更多的知识宝藏。

富有逻辑的论据

在探索真理的道路上，黄色模因唯一遵循的法则就是逻辑。逻辑足以证明一切。例如，爱因斯坦用纯粹的数学方法推导出了引力波的存在，直到很多年后，人们才成功测量了这种时空中的弯曲。爱因斯坦完美的逻辑足以支持其理论，而不需要任何实际证据。

埃隆·马斯克也冷静地以逻辑和科学为导向。他说："在知名企业中，管理人员以类比的方式思考，他们必须这么思考！所有他们做的、不做的事情，都是从现有经验中推导得出的。制度建立在制度化的知识上。"如果要对现有产品进行继续开发，那么这个知识宝库肯定是不可或缺的，马斯克当然明白这点："为了生存，我们需要类比思考。"但是，他同样深切明白"电动机必然取代汽油发动机，因为前者可以更有效地利用能源，减少热能损失，而且它的发动时间短，加速更快，维修更简便，更节约车内空间，在刹车时能回收电能，减少废气排放量"。他认为他的企业应当依据这种无懈可击的逻辑而决策，而非依据现有经验。

谁在黄色组织中持不同意见，谁就得准备好充足的论据。黄色人在受到批评时，既不会有负罪感，也不会变得富有攻击性，而是会非常大度地对反方意见怀有浓厚的兴趣。一旦证明反方的论据是深思熟虑的、有理有据的，黄色人会接纳反方的论据。如果反方的论据比较肤浅或者仅仅是感情用事，那他就不会理会。所有不合理的理论都不会被黄色人接受。轻率的妥协、肤浅的共识也不容于此。

　　一个问题通常有多个答案，黄色人的创造力从来都是无限的。黄色人会就所有可能性进行分析，而后选出最合理的方案。橙色模因的策略性决策过程连周边环境的发展也一并考虑在内；而黄色模因的决策过程则是战略性的，不追求快速的成功。

　　黄色决策以知识、事实为基础，会咨询那些具有决策所需专业知识的专家；它不会像绿色决策那样征求所有人的意见。黄色决策所需的方案、模型都尽量完整，相应会比较错综复杂。庞大的数据、变量、内在关联都需要进行精确的评估。从所有可能的情境都被细细分析，到最后做出一个理性的决策，其中可能要花费很长的时间。还有一个因素也增加了决策过程的难度：黄色观点固然比较深刻，也可能建立在数据之上，但它们未必是最终的，因为事实会发生变化。一旦事实发生变化，黄色观点也会随之转变。

　　在黄色文化中，改变是正常的。既然它把环境看成许多独立的、动态的变量组成的结构，那么其必然不具备稳定性。黄色文化也很容易促成个人的转变，驱使人们流向他们自己最感兴趣的地方。

自由发展

　　黄色的自由意味着做自己。黄色模因希望他人同样享有这种宽容，并认为改变自己以适应他人是不必要的。黄色文化注重多样性，尤其尊重那些与众不同的人，因为独特性比集体趋同有趣多了。即便黄色模因不想规定他人应该如何生活，但其本质上很容易与他人发生摩擦，因为他们一旦

发现反方意见令人无法理解和接受，一种不加掩饰的厌烦就会取代其之前的大度。

黄色人对自由的渴望中充斥着个人主义倾向。屈从于某个集体、服从规则、适应大众……绝不会！黄色人的目标清晰，那就是不受任何干扰地发展成长。但其目的未必是获得他人认可、权力或财富。黄色人希望能够通过增长知识、思考重要问题，从而作为一个人而发展自我。物质所带来的生活乐趣，于他们而言倒像一种极低级的态度。具有黄色模因的大学生的房间中充斥着最新的科技产品，但是他在吃穿上的花费可能少之又少。

知识的组织

阿姆斯特丹有一座名为 the Edge 的办公楼，它无疑是黄色模因的理想天堂。基于它的创新型空间与能源系统、28 000 个传感器以及一个量身定做的智能手机 App，它被视为全世界最智能的办公楼之一。它象征着未来、先进。通过追踪系统实现了人机联网、人人联网，令日常办公生活变得轻松。它应用了各种最新技术，就像为知识组织穿上了黄色外壳。当一个员工进入该建筑时，电梯能确定他的身份，并知道他要去几楼。它能与智能手机随时沟通，以便与手机所有人协调每天的日程安排：App 能够准确带他到写字台、会议室、桌边或休息区，视其具体要求而定；同时，它还能通报位置。办公室内的光线明暗度、暖气温度甚至咖啡机都根据个人喜好设置——咖啡机当然知道谁一般在什么时候爱来一杯卡布基诺或浓缩咖啡。就连清洁工也能通过电子数据获悉哪些走廊、哪些楼层使用比较频繁，以及哪里可以暂时不用打扫。

黄色知识组织根据个人能力构建，而非根据等级或个人。工作的分配也依照个人的知识与能力。组织结构、管理系统、规章制度只要有意义，就会被黄色企业接受；而毫无意义的官僚主义、僵化的等级制度、各种陈旧的习惯，则会在此碰壁。

如果某个领导者是由于裙带关系或者很难服众的组织结构而坐上了现在的位置，他很难获得大家的尊敬。黄色组织中的权威来源于知识与能力，而非等级制度。每个领域都有专家，因而权威人物通常是那个对解决方案了解最多的专家。多样性是制胜王牌，这不仅关乎自己的发展可能性，也关乎最大可能地利用不同的能力。

在黄色组织中，领导层面临的核心挑战是如何保证这些探险家们不跑题。世上有这么多需要探索、分析和理解的事物，这使他们很容易迷失焦点与方向。

黄色风格的企业领导者一般把自己的角色定义为策划型思想导师。他们把知识包装成精致的方案，用它来领导部下。他们喜欢制定战略模型，用充足的数据填充它，以决定发展方向、做出决策。他们期待员工独立工作，具有强烈的责任感。一般不能指望这些领导者流露出个人的偏好，或者细致入微地激励员工。这也完全没有必要，因为黄色组织中的人们既不想出风头，也不期待他人会分享自己的兴趣与爱好。他们具有内在动力，只要能探索有趣的理念、发明、答案，他们就心满意足。

员工对企业的忠诚度与黄色的自我发展前景息息相关。只要有足够的有趣主题供他们忙碌，他们就找不到任何换工作的理由。然而，一旦缺乏专业发展机会，或者他们的自主性被剥夺得所剩无几，比如，由于存在僵硬的标准，他们就不会在企业停留太久。即便高薪、充足的业余时间、垂

直上升的职业生涯，对于他们来说都不是真正使其留下来的动力。回过头来说，强大的凝聚力也从不是黄色企业的优势。当企业不再需要某些技能时，黄色模因立刻会把人踢出门去。这完全符合逻辑！

不健康的黄色模因

"一个好的理论比什么都实用！"这是黄色模因的座右铭。尽管如此，如果组织中的黄色模因过多，还是会引起某些障碍，在极端情况下甚至会导致组织的瘫痪。哪怕最简单的事情，黄色模因也能把它变复杂，比如会就某些影响不太大的决策分析个没完没了。黄色模因喜欢热情如火地扑向某个问题，寻找答案，在这种黄色探索中，"这个问题是否那么至关重要"却极易被忽略。黄色人把自身的兴趣看得高于组织的目标。黄色的专业人士对每棵树了如指掌，却没人把树林作为一个整体而加以研究。

黄色文化中的人们审慎、持久地投入那些他们感兴趣的主题，当黄色模因的钻研精神被调动起来时，时间根本无关紧要。黄色文化无法懂得所谓的"要有勇气留白"的道理。它的注意力最多只会被新的、同样好玩的主题吸引。因此，数量过多的黄色模因不仅容易在某个主题的各种细枝末节中迷失自己，也容易在多个主题的大量细节中迷失自己。这时，黄色的专业人士忽然变成了一个颠三倒四的"教授"。

一个充斥着黄色模因的工作环境未必能孕育真正的团队精神。基于其自我管理的本能、只关注自己感兴趣的事物的特质，黄色的探险家们天性不喜欢受到限制，无论这种限制来自他人还是制度。他们通常冷静、不带感情色彩地对待他人。让他们用自己的理念去带动、说服具有其他模因的人，他们会觉得非常困难。黄色模因的专业报告充斥着数据、事实，未必能打动人心。黄色模因的理念因此面临一种风险，它们很可能就停留在理念的层面上。在黄色规划方案中，没有挽起袖子把它付诸实施这一项。

　　很多事情可以通过理性来解释，但并非所有的事情都可以如此，尤其当有人的参与的时候。如果涉及那些无法准确测量的事物，黄色规划方案的局限性就暴露无遗，因为它此时仍会试着把一切量化，以便于用某种算法进行计算。更有甚者，它干脆选择忽略。

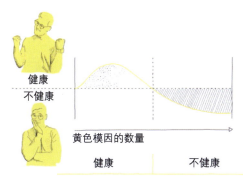

健康	不健康
探索精神，没有偏见	将简单的事物复杂化
对于进步的热爱	把问题无限深化
客观的数据收集、分析	在数不清的细节中迷失
合理性是决策基础	个人特殊领域先于团队精神
符合逻辑的关联是主线	不带个人感情色彩地对待他人
依据知识和能力	停留在理论层面，不会贯彻行动
批判性地刨根问底	一切都得量化
……	……

141

水蓝色模因

玛利亚的日记

1 月 12 日

我们真的可以有所作为！今天召开的年度会议又一次证明了这点。我们的目标很明确：Panta-rhei 产品的潜力是无限的，它不仅为客户提供舒适感，还能节约能源。如果我们成功了，受益的不仅是客户，还有自然环境。我们在 8 年内应该能实现这个目标！

成功的关键在于整合内部与外部的研发工作，以及将供货商与不同的生产单位融为一体。我们必须协调好商业模式、文化、利益完全不同的各个企业。幸好我们跟合作伙伴的关系非常稳固！

长路漫漫，不过大家都不在意。大家全心全意支持这个使命，愿意为此放低个人身段。回顾这些年，可以看到我们企业的转变是何等巨大。MillEx 思维早已荡然无存，尽管这个产品几年前还是我们企业的核心与标志，可以说是我们身份的基础。

媒体因我们在转型过程中要关闭两个欧洲分支机构而指责我们，但是如果放眼未来，这个决定是不可避免的。为了提高我们作为总包公司的生存能力，这个决定是正常的，毕竟我们关注的是 Panta-rhei，而非某个人的感受。

财务部的新同事彼得还需要些时间才能真正融入我们，他拘泥于细节，想从中找出结构。我们这里没有所谓的领导者、组织计划和预先确定的预算，这一切可能让他有点不知所措。如果他的财务控制不能跟上我们灵活的制度，我们就只好另外找人了。

Panta-rhei——一切都在动态中

黄色模因寻求知识与个人自由，很容易迷失在分析的迷雾中。大量的精力被过多用在研究一棵棵树上，而忽视了森林这个大的整体。然而，针对某个部分的哪怕最详细的知识，也不足以解释整个系统。水蓝色模因关注的不是单棵树，而是整片森林的存活能力。水蓝色模因会研究森林的生物系统，以及可能影响该生物系统的其他系统。水蓝色模因与黄色模因的逻辑不同，不会追求所有事物的理性解释、科学论证；它可以平静地接受事物的不可解释性、不可预见性。一切都在动态中——赫拉克利特就是这么说的。

如同前面介绍过的那些位于文化图谱右侧的模因，水蓝色模因也具有集体主义倾向，会为了集体利益而放弃个人利益。而水蓝色模因这个集体又特别大：不是某个人、团体或部门，而是世界。水蓝色模因想让世界变得更好！这个宏观愿景当然无法单枪匹马地完成，而是需要与他人的合作。在水蓝色模因看来，解决方案与它试图解决的问题都应该是完整的。

在历史人物中，亨利·杜南（1828—1919 年）具有典型的水蓝色模因特征，他的努力最终促成了国际红十字会的成立和日内瓦公约。他亲历了恐怖的战争，深信唯有国际的共同努力才能减轻战争带来的痛苦。他为此建立的一切可以视为水蓝色模因的前提条件，为以后的绿色模因的人道

主义救助奠定了基础。第二次世界大战后联合国的建立同样是水蓝色模因的里程碑，气候会议也有相当程度的水蓝色模因特征：地球变暖是个全球性的挑战，需要人类的共同努力。

有一个典型的受水蓝色模因驱动的项目，就是维基百科。它的 6 000 万个条目并非来源于指令、物质的激励或个人成名的野心，而是这些作者希望将自己的知识贡献给这个世界。这个平台是开放的，实行自我管理，参与者可以自己决定编辑的条目；他们可以自己创造条目，也可以改写已有的条目。

水蓝色模因不仅在公益领域大显身手，它的诸如目的性明确、变革能力、自我管理等因素，也在经济领域中发挥越来越大的作用。

发现意义、做好事

维克多·弗兰克尔曾说过，人是一种不断寻找意义的生物。例如，人会通过为他人、为世界做些什么来赋予自己的行为意义，这就是水蓝色模因的核心特征。当然，其他模因也会如此：紫色模因为集体做贡献，红色模因为自由而斗争，蓝色模因完成自己的责任，橙色模因不达目的誓不罢休，绿色模因博爱，黄色模因探索知识。但这些模因没有一个像水蓝色模因一样如此有意识地审视自己的行为的意义，而且水蓝色模因会更进一步，提出极高的道德要求。

不同行业的企业会运用能赋予意义的水蓝色模因来制定自己的企业使命。这些使命较少表达增长和销售目标，而是注重企业为了把世界变得更好而做出的贡献。以下有几个例子。

- 谷歌：收集全世界的信息，使其能为所有人在所有时刻所用。

- 喜得力：令顾客激情满怀，建设更好的未来。

- 华为：构建万物互联的智能世界。

- 领英：将全世界的专业人士、领导者联系起来，提高他们的生产力与成功率。

- 索尼：激发并满足顾客的好奇心。

- 星巴克：在任何环境中都努力启迪、帮助大家——一杯一杯咖啡，一个咖啡客接着一个咖啡客。

在水蓝色模因主导的企业中，人们对个人职业生涯、权力、地位的兴趣并非出于自恋自大，而是它们必须有助于改善大的整体。水蓝色模因占优势的企业首先追求的并非利润或市场份额，而是为世界带来益处。社会责任感是水蓝色模因的重要价值，它决不允许为了优化自我而损害他人。

冰激凌生产商 Ben & Jerry's 的成功经验中包含颇多的水蓝色模因。它的产品采用天然配料，遵循极高的环保标准，所有配料都拥有 FairTrade（公平贸易）认证。它是第一家这么做的大型冰激凌企业。它初创、成长于美国佛蒙特州，如今成了联合利华生态系统中的一个重要企业。

在美容产品连锁商店 BodyShop 的成功经验中，水蓝色模因同样是不可或缺的一部分。当美容产品行业绝大多数坚持动物实验时，它就高举"环境责任感"的大旗，在生产中采用天然原料。该企业创始人阿妮塔·罗迪克也好，整个企业也罢，都带着同等的热情投入各种社会活动和环境保护活动中。社会担当也是动力，该企业深信客户不仅向往美丽，同时需要生活在一个没有动物实验、剥削和环境破坏的世界。

Salesforce.com 也有意识地运用水蓝色模因。该企业不仅以软件解决方案、平台方案闻名，它的"1%承诺"倡议活动也名声在外。这个承诺的基础是所谓的 1/1/1 模式，即企业把产品利益的 1% 无偿捐赠给公益组织，自有资产的 1% 用于公益目的，还有 1% 的工作时间投入慈善项目。也就是说，所有员工每年有 3 个工作日被用于做好事。Salesforce.com 深信从这一点出发，必能为一个更好的世界做出贡献。该企业并不是唯一采用这个倡议的企业，大量企业都在践行这一倡议。

有机思考方式

水蓝色模因把世界视为一个庞大的有机环境系统，其中的所有因素都在动态中，因而变化也是在所难免的。黄色模因的世界是一个由无穷变量组成的网络；而透过水蓝色的镜片，看到的是互相影响的有机系统。各系统之间的界限是动态的和流动的。

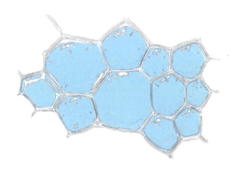

水蓝色模因所认为的有机系统绝非仅仅局限于人类、动物、植物等生物系统，企业、部门、团队也是生机无限的有机体。水蓝色模因将企业视为组织有机体（详见第 2 章）。

与那种分析思考时把整体分割成基本组成部分不同，水蓝色模因关注的是整体的特征。麻省理工学院的标志性人物彼得·森格是这么说的：
"把一头大象分成两半不会得到两头小象！"有生命力的系统只会在整体
中产生。

扎哈·哈迪德所设计的宝马莱比锡厂的中心建筑有许多水蓝色模因。
除了这位建筑设计大师采用的典型有机造型，该建筑中还拥有大量水蓝色
特征。它被设计为这个庞大生产建筑群的"神经系统"，建筑设计师希望
突破传统的空间划分，促成一种整体的功能性。《建筑评论》杂志把它称
为现代的"奇思妙想"，因为它融合了展示窗口、办公室、实验室、工厂
与食堂等多种功能。这种流线型设计把车间与办公室、蓝领与白领、生产
与流程结合到一起，令人随时感知到周边发生的事情。负责把车身从一
个生产区域输送到下一个区域的输送系统，壮观地在中央建筑屋顶上蜿蜒
而过——这就是神经系统——越过开放式的办公区域和食堂。不断滑过头
顶的汽车，让所有人牢记他们的共同目标。

在水蓝色员工看来，自己工作的企业是某个生机勃勃的生物系统的组
成部分。水蓝色模因追求共同协作，无论是面对供应商、研发机构，还是
学校、生产合作方，甚至是潜在的竞争对手。水蓝色模因的生物系统总是
能够融合不同的领域。丰田是这方面的先锋，自从它创立的那一天起，它
的原则就是"与供应商共同成长"。早在 20 世纪 40 年代，它的采购规则
就包括了把供应商的车间视为自己的车间，如果没有特殊原因就坚决不更
换。供应商不应该被榨干，不能与供应商彼此倾轧，而应从共同的成功中
受益。同时，丰田一般会挑选多个供应商，以便最大可能地规避供应困难
或者质量问题带来的风险。在供应商眼中，丰田虽然态度强硬、要求颇高，

但也公平可靠。丰田用了几十年时间，建立了自己的生态系统。丰田一改他人眼中的"你我敌对"的情境，追求所有参与方的共赢。

水蓝色模因把单独的个人也视为整体的组成部分，但是不同于紫色模因的集体、蓝色模因的制度、绿色模因的共同体中的一分子，而是世界的一个部分。从这个角度来看，个人的重要性并不突出。在具有水蓝色模因的政府眼中，如果新的大坝在未来有利于整体系统，那么重新安置计划并不在意现在的个人的命运。同样，只要所采取的措施能够为企业长期带来益处，水蓝色企业的领导层也会毫不犹豫地关闭某些部门。

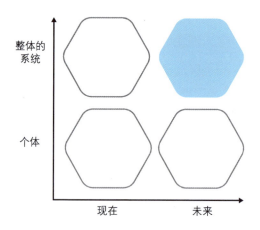

个体是宇宙一个极小的组成部分，显然无足轻重。这种水蓝色模因导致了个体的谦虚、谦卑，认为只有通过多人的合作——集体的智慧、共同的努力才能完成真正的大事业。

一如水蓝色世界中的种种，企业中的关系也处于流动状态。水蓝色模因能够带来个体对目标、使命的忠诚，但未必是对企业的忠诚。就像企业可以并且必须改变一样，员工也应如此。谁一旦在其他领域发现了某种有意义的职业，别人就不会阻挠他的道路。此时，水蓝色企业绝不会怀有嫉妒的情绪或者觉得不幸失去了员工、败给了对手，而是选择建立起一个"毕业生网络"之类的结构，以便把昔日的员工长期保留在自己的生态系统中。

协调大家的优势

我们分析过的各种模因都有自己的优势，能为企业带来裨益。水蓝色模因的作用在于，它能把这些零碎的贡献完美地融合在一起。

令数百万名观众所喜爱的皮克斯动画工作室，其诞生在很大程度要归功于水蓝色模因。其 CEO 埃德温·卡特姆把建立平衡机制视为企业领导的核心任务。但是，他理解的平衡绝非静止不动，而是应该像在冲浪板上保持平衡一样，需要不断平衡不同的力量。一部成功的影片的制作过程中会涉及不同的团队，团队的需求有时甚至是截然对立的：导演希望讲述一个尽量打动人的故事，设计师希望创造出令人印象深刻的画面，技术人员想要完美的效果，财务人员希望严格控制成本，营销人员则绞尽脑汁想编出一个卖座的故事，还有衍生产品销售部门，它关注的是所有人物角色都适合收藏、印在 T 恤衫上或者做成其他产品。这些团队都希望做出大的贡献，也自然而然地为各自眼中正确的目标尽心竭力。尤其当一个项目刚刚

启动时，很少有人能够看到自己的取舍对其他团队、整个项目是否有影响。埃德温·卡特姆说："如果有任何一个团队认为他们赢了，那么我们就输了。"即一旦某个团队能够大获全胜，那么整个项目肯定不成功。因此他认为自己的工作在于构建正确的平衡："如果企业文化不够健康，每个部门都会认为只有自己的目标优先，企业才会受益。而在健康的企业文化中，所有部门都知道，调和彼此的利益十分重要。它们希望能够被他人倾听，不一定非要一意孤行。"

融合对立意见

水蓝色模因就像中国哲学中的阴阳一样，把对立的意见视为互补的、彼此依赖的，整体产生于不同力量的角逐。其他模因向某个方向努力或寻求妥协，水蓝色模因却追求平衡，让所有矛盾和冲突彼此支持。

同一性与自治性容易被看成评分表的对立两极：一边是集体的目标，另一边是自我决定的自由，一边的强大势必导致另一边的弱小。

声田（Spotify）的情况却并非如此。它追求的是"同一的自治性"，认为此中不存在矛盾。在其音乐流媒体服务中，它一方面非常欣赏自治带来的动力和决策速度，另一方面也认为只有在团队都往一个方向努力时，即"同一"时，企业才能获得成功。对于声田而言，"同一的自治性"代表企业领导层需要集中关注必须解决的问题，随后让团队自己寻找解决方法。这在两方面都是典型的水蓝色模因：可能的矛盾被融合到一起；领导不会给定答案，而是把制度设计好，以便产生答案。

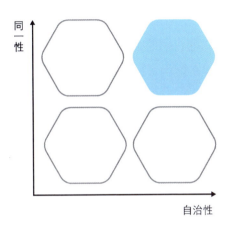

这种通过精心编排不同优势而产生的水蓝色交响乐，声田喜欢把它比喻成一个爵士乐队：每个音乐家都在演奏各自的乐器，完成自主的表演，但大家还是互相配合。因为每个人眼中最重要的事情是一样的，要让这首歌曲优美动听。

在水蓝色模因中占据首要位置的，无疑是如何融合不同的力量，即辨识、控制、组合所有的优势与劣势。红色模因的激情、坚决和蓝色模因的可靠、耐力同样受到重视。另外，水蓝色模因还努力在合适的场所植入绿色模因的感性、黄色模因的理性，不轻信偶然性的作用。橙色模因的主观能动性、紫色模因的认同感同样不是非此即彼，它们在健康的组合中同样无比珍贵。水蓝色模因在这种情况中起了系统协调员的作用，能从大局出发，有意识地组合各种模型，助益企业生存能力的提高。

用动态的结构进行自我管理

对于水蓝色模因来说，世界就是一个全球性的大脑，是一个由多学科知识、无数理念组成的庞大的生态环境。在这个环境中，本能、灵性与逻辑、理性都占有一席之地，科学研究与直觉都备受欢迎。这种错综复杂中隐含着无限潜力。水蓝色模因系统性地把所有部件组合成一个巨大的整体，目的不是要事必躬亲，把握一切，而是专心致志于创造那个巨大的、正在逐渐成形的模式。

水蓝色模因把所有组织都视为有机体，有机体就必然需要进行控制：不是通过自上而下的指令，而是借助一个由自治的、自我管理的单元组成的网络。水蓝色模因的自我管理原则与人体的运作方式很相似：系统中如此庞大数量的信息、功能，无法由一个单独的器官进行控制。假设由大脑进行微观管理，那么整个系统很快会陷入瘫痪状态。所以，人体的每个单元都在处理信息、制造产出，在完成功能的同时进行自我管理，无论是一个细胞，还是一个器官。例如，白细胞在认为有必要的时候，拥有自行反应并产生抗体的自由，而无须申请批准。

在组织中，水蓝色模因带来的是动态的单元，而非僵化的组织结构。小单元可以根据具体目标找到彼此，结合起来，然后再分道扬镳。等级、职位也不是一成不变的，团队可以根据情境灵活组建，没有清晰的分界线，从各种组合中产生不同的领导关系。此中，服务时间长短、当前职位高低都不会有很大影响。

宝马公司用文化图谱做了文化比较后，受到启迪而组建了"连接文化俱乐部"，不同部门、不同等级的同事一起聚在这里，共同关注"企业文化"这个主题。他们交换知识，有意识地设计企业文化。没人非做这个不可，他们投入文化俱乐部的时间是无偿的。通过这种投入为企业做些有意义的事情，这作为动力本身就已经足够。等级关系在文化俱乐部中无关紧要，文化俱乐部以这种方式整合了不同的各种贡献，并制定出极富创造力的解决方案。

塑料制品公司戈尔（W.L. Gore）以其创新的戈尔特斯（Gore-Tex）面料著称，在淘汰速度极快的服装界享有盛誉。该企业没有等级制度，也没有职位说明，没有头衔，没有管理者，而是由员工进行自我管理。"僵化的组织结构应该让位于自我调节的制度，以建立不断发展、流动的企业结构。"海因利希·弗里克担任该公司德国分部总经理多年，他如此阐述他的观点。戈尔公司有个动态的网络，鼓励直接沟通，旨在提高公司的生产力与创新能力。任何项目的组织者都能在这个网络中寻找合作伙伴，而非依赖他在"等级制度"中的员工。该企业中没有"管理者"，只有类似于导师的"赞助人""项目主管"。员工自己可以寻找"赞助人"，就连"项目主管"也是团队基于其特殊能力、在团队中的威信而选举产生的。但是这种领导关系不会延续很久，在这个项目中担任主管的，在下一个项目中可能就是一般员工。

弗里克把戈尔公司的方案比喻成阿米巴变形虫，它是一种单细胞生物，能够改变自己的形体。尽管阿米巴变形虫的外形可能随时不同，但它的内部器官结构非常简单、稳定。戈尔公司也经常改变它的团队形式；某个扩大中的团队需要地盘，就会挤占另一个团队的地盘，后者得想办法重新组织。一旦某个团队达到了一定规模，就会像细胞分裂一样分离

出新的分支。

具有迅速做出反应的能力和适应的能力，是水蓝色组织的一个重要特征。这种组织的反应是有机的，会自动适应新的环境。服装连锁品牌ZARA 也受到水蓝色模因的巨大影响。按照传统习惯，服装行业的各季新款产品都是根据固定节奏投放市场的，设计师负责设计最新款式，经销商根据上一季的经验、对新一季的期待而订货，随后生产商开始生产环节。ZARA 的做法不是这样，其把水蓝色模因的反应能力、适应能力与红色模因的速度、黄色模因的重视数据相结合，不断汇总消费者的消费数据、分析消费者的购买决策过程。一旦确定某种潮流，信息便会立刻传递到ZARA 设计中心。设计师有权迅速做出反应，于是在很短时间内，新款服装便会挂在商店里。这其中最重要的前提条件无疑就是水蓝色模因的整体前瞻性和协调能力，它甚至促成了 ZARA 放弃原先的橙色—蓝色模因的效率思维而完成转型，因为工厂通常不能满负荷运转。如此，一旦新动向要求做出改变，它就能够灵活反应。

水蓝色模因认为，企业不断做出改变是理所当然的事。企业只有与市场需求保持一致，才能最终实现健康发展。这就像坐船横跨大西洋，前进方向不可能只在启航时设置一次，为了能够平安到达目的地，必须随时调整船舵。

不健康的水蓝色模因

水蓝色模因对于复杂状况的驾驭能力，是其他模因无法比拟的。同时，它作为文化图谱中的一种模因，无法单枪匹马地取得成功：如果没有乐团，再好的指挥家也没有用武之地。水蓝色模因在协调其他模因时，最能发挥自身特长。它一旦忘记了其他模因的用途，或者把其他模因视为低等的，就会变得很不健康。这种自高自大的思维方式会带来损害，因为诸如紫色模因的归属感、红色模因的决断力、蓝色模因的结构、橙色模因的雄心、绿色模因的人性、黄色模因的好奇心等，都是企业维持生存能力不可或缺的要素。

水蓝色模因能针对复杂的问题找到复杂的答案，也喜欢把这种习惯运用到相对不那么复杂的挑战中去。而在企业的日常运行中，有很多问题完全可以简单快速地做出决策，无须将它置于整个大环境中进行严谨的考虑。

当一切都处于动态中时，稳定性、可靠性自然而然地就会被削弱。为了跟上这个世界一日千里的脚步，水蓝色模因的领导风格会避免过于简化的目标模型，如蓝色模因的项目规划中的单一因果关系、界线分明的项目步骤、过于大胆的预测等。于是，水蓝色模因的解决方案经常显得过于含糊、不够清晰，这也许能够正确反映客观情况的复杂性，但不能带来任何透明度。同时，它对平衡的不懈追求也未必有助于尽快找到答案、务实解决问题。

水蓝色模因专注于系统的长期、整体工作，而非在系统之内。水蓝色模因避免直接切入系统，而是让系统自我管理。周围人群的日常烦恼就跟运行中的实际问题、短期目标一样，在水蓝色世界中是毫无位置的。水蓝色模因放眼未来的蓝图，因而容易失去对现在的把握。

当利他主义、灵性等占据了主导位置时，整个企业的经济性就岌岌可危。当企业丧失了经济性，最美好的愿景都将成为泡沫。

水蓝色模因的开放性也无助于员工对企业的认同感，因为其专注于更高远的目标。它固然也会构建一个意义深远的愿景，但是其中并没有太多的归属感或安全感，而很多人需要的恰恰是这些。

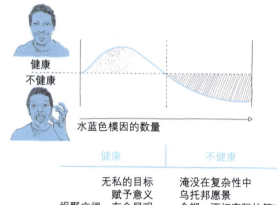

健康	不健康
无私的目标	淹没在复杂性中
赋予意义	乌托邦愿景
视野广阔，有全局观	含糊、不切实际的解决方法
能够融合对立意见	轻视实际问题
流动地适应周边环境	过分的利他主义
自我管理的组织	烦琐的处理方法
……	……

 六边形视野

现在你对文化图谱中的所有七个模因都有了了解，下面的表格能够帮助你重温各个模因的特征，并辨别它们之间的区别。

▌六边形概况

文明的进化过程使得这些六边形模因应运而生，它们根据不同情况，发展出各自的特殊观点与信条。

	面临挑战	解决方法	信条	意义的实现	英雄	真理
	危险	与他人组成集体	团结就是力量	为集体做出贡献	经验最丰富的人	首领的话、集体深信不疑的权威
	服从	受他人支配	丛林法则	推行自己的主张	最强大的人	能够贯彻执行的
	混乱	建立稳定性	秩序是必需的	履行自己的义务	最有耐力的人	规则
	命运	掌握自己的命运	赢家通吃	个人的成功	最成功的人	能帮助个人发展的
	不平等	倡导人性	人性本善	乐于助人	最善良的人	有助于和谐的
	不可理解	为了理解而去研究	勇于探索	知识	最智慧的人	所有能够被证明的
	复杂的关联	共同面对重大问题	一切都在流动	为了更好的世界而奋斗	改变世界的人	能与环境共同改变的

▌相互的认知

从第 2 章中你已经知道，我们认为的现实不是它的本来面目，而是由我们自己构建的。每种模因都有自己的独特模因过滤器，透过它看到的其他模因将各不相同。下表概括了各种模因相互影响的情况，比如 A 模因是如何看待 B 模因的。

	B	B	B	B	B	B	B
A	完全正常	对集体是个危险	对不成文的规定、标准没有一点顾忌	不安分，随时都会奔向新的目标	轻信他人	怀疑论者只相信证据	把一切都搞得那么复杂
A	太依赖他人	完全正常	受困于规则	随风倒	软弱	讨厌的积极分子	爱做白日梦
A	裙带关系	无政府主义者	完全正常	喜欢在实施规则时搞鬼	姑息错误行为	藐视标准	太抽象
A	生活在过去	热情又偏执	死背规则	完全正常	嬉皮士	空谈理论	利他主义者
A	不宽容陌生人	残忍	不人性化	爱吹牛的物质主义者	完全正常	独行侠	轻视个人命运
A	不会向前看	没想通就急着行动	受到条条框框限制	自以为智慧的半吊子	奢谈感情没完没了	完全正常	看不到细节
A	狭隘偏执	短视	僵化、不灵活	自私自利	追求和谐却阻碍了生产力	沉溺于细节的分析家	完全正常

| 决策过程

七种模因一致认为好的决策非常重要。但是，决策如何形成、谁最后一锤定音，它们的看法却大相径庭。

	如何决策	谁决策
	家长制，根据经验	领导者
	一时冲动，根据直觉	最有权威的人
	绝对主义，严格按照规章制度	有决策权的人
	讲策略，看怎样比较有效	对结果负责的人
	寻求共识，所有人参与	大家共同决定
	依据事实，遵循知识与逻辑	数据
	讲究整体性，不是非此即彼， 而是两者兼顾	设计制度的人

▎通往目标的道路

一旦做出决策，所有模因立马做好起跑准备。对于如何到达目的，所有模因的见解各不相同。

永久地流动

基于逻辑、理性
的进展

一个由好友们组成的群体

务实，讲究策略，
永远目标清晰

根据计划步步为营

具有无穷的力量，冲破所有壁垒

众志成城地追随领袖

| 时间的地平线

　　哪一种时间地平线能够影响它们的行为与决策呢？所有模因的见解各不相同。

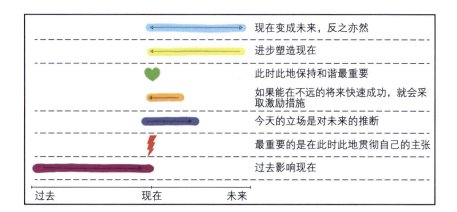

现在变成未来，反之亦然

进步塑造现在

此时此地保持和谐最重要

如果能在不远的将来快速成功，就会采取激励措施

今天的立场是对未来的推断

最重要的是在此时此地贯彻自己的主张

过去影响现在

过去　　　　　现在　　　　　未来

第4章

掌舵企业文化

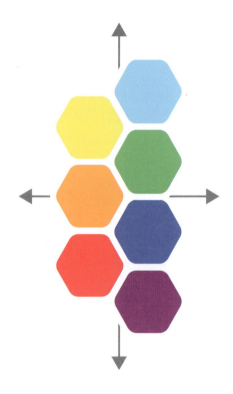

企业文化设计简述

也许你对着上述的某些模因频频点头，因为你在自己的企业文化中看到了它们。但就像前文提及的，唯有将所有色彩汇集成一个文化模式，企业文化的特征才会变得可见、可塑造。我和弗兰克·赫姆勒将分享我们在过去几年里通过企业文化设计所积累的实践经验。

▎企业文化设计的四个阶段

如果你愿意，现在就可以把文化图谱备用的各种彩笔准备好，把你的企业文化设计团队召集起来。首先你们可以一起思考想在哪种文化背景下工作：是整个组织还是某个部门，抑或某个分支机构？一旦确定了"焦点系统"，你们就可以启动了。

借助文化图谱，有意识地构建企业文化，这个过程可以分为四个阶段。

第一阶段：文化现状。描述你们关注的组织、系统当下的文化模式。

第二阶段：周边环境和挑战。定义企业文化应当符合哪些内部、外部的要求，以及面临哪些挑战。

第三阶段：目标图像。确定文化发展的方向，绘制包括所有六边形的文化图谱，或者 2 ~ 3 个文化灯塔。

第四阶段：行动领域。从第一阶段的初步想法开始，文化发展已经启动。本阶段着重于制定个人、集体、系统的行动领域，并构建一个监测机制。

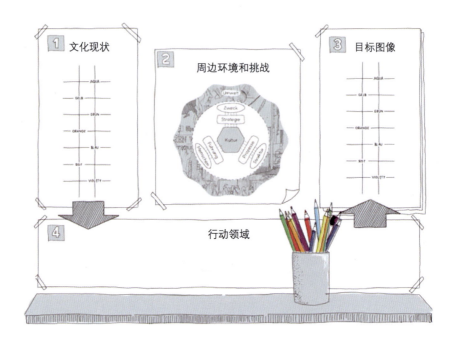

企业文化设计之"三组和弦"

有些组织确实希望对自己企业的文化有更清晰的了解，但并不希望因此有所改变。它们的文化图谱倡议最好能够与文化擦肩而过，不留痕迹。这当然是不可能的！企业文化设计必然会留下痕迹，也应当留下痕迹！我们的目标是，让认知、能量、专业知识在文化中诞生。所以，我们的每个企业文化设计倡议都重点关注这"三组和弦"的共存。当你组建你的企业文化设计团队时，请牢记这一点。

认知

企业文化图谱是一个集体学习过程，借助文化图谱，组织能够为自身发展获取重要认知。一开始面对的问题是："我们目前是如何运作的？"

然后在尽可能广泛的参与下，对当前企业文化进行分析——共同参与、尊重彼此，但批判性地反思。此时的重点不是评估，而是采用文化图谱的色彩逻辑，使当前的文化模式可见、可讨论、易理解。这样就形成了一个共同绘制、可触摸、经验证的文化图景，且符合当下文化的种种表象。组织能够认识到其当前的文化模式、优势和劣势、紧张领域和亚文化等。同时，为了确保自己在未来获得成功，组织又以特定周边环境为背景而绘制文化目标图像，令文化的走向清晰可见。以上这个认知必须深入人心，这是引发所有变革的基础。

如果缺乏以上基本认知，那么文化发展也将因为失去导向而变得无意义。与此同理，组织内如果仅有少数人拥有这个认知也是不够的，必须让尽可能多的人——尤其是关键人物——清楚地意识到他们今日所处情境，以及他们的文化应当向何处发展。对那些无法直接参与企业文化设计工作坊的人来说，可以通过其他对话方式将他们融入，让他们获得信息，如可以通过全体会议、内部网络向大家公布和传达进度。

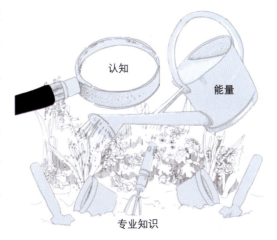

能量

企业文化设计项目参与者共同描绘企业发展所面临的各种挑战，其中包含了理性和感性的方方面面。如果能使尽可能多的参与者加入这四个阶

段，则企业文化发展就会获得认同——甚至真正的热情。当被凝聚成一个团体时，人们就能迸发出必要的能量，真正地改变企业文化。

当人们思考本企业的文化优势和劣势，并与他人开展对话时，他们也常常会自我反思："我自己的言行对当下的文化有何贡献？"这种思考通常会引导参与者最终看清自身的优势所在，他们有时候会引以为豪，更多的则是开始有目的地改变自己的态度和言行。这一点具有决定意义：人的改变才能带来文化的改变。

因此，变革成功的关键在于广泛的参与。只有这样，才能培养人们"我们每天都在创造自己的文化"的意识，从而使人们真正产生个体和集体的责任感。文化图谱提供的共同词汇不仅起到导向作用，更是人们的共同驱动力。如此，文化发展就成了从组织核心发起的一项运动，而非管理层下达的任务和人力资源部门的倡议——逐渐消失在档案中。所有参与者都会切身体会到"企业文化"不是空洞的豪言壮语，而是可见的、可理解的、可塑造的。

专业知识

有了认知、能量，仍然存在"如何执行"的问题。日常中我们太容易陷入机械性思维，寻找那些容易操作的杠杆。某些措施的确也适合集中倡议、自上而下贯彻执行，如改变组织结构、流程等。然而，组织不是机器，而是有机体。因此，文化无法闭门造车，而需要循序渐进地培育——我们需要的不是机械师，而是景观设计师。景观设计师又需要具备扎实的专业知识，才能良好地培育这个有机体。

有时候，好的提示和技巧能够在个人和集体层面上提供帮助，也有时候，某些人不得不彻底重新评估自己的态度与行为方式。但在绝大多数情况下，问题不在于做得更多，而是以不同方式做。为此，人们，尤其是领导层，必须对如何体现"文化敏感"、如何在目标文化的引导下身体力行了然于胸。例如，他们可能会自问："现在我们需要更多红色，我们彼此如何反馈？如何讨论？""为了强化水蓝色，我们怎么做才能为企业愿景注入活力？"或者只是泛泛而谈："面对那些对新的目标无感的同事，我们该如何应对？"

第一阶段：文化现状

在第一阶段中，关键问题是"我们的文化现在是怎样运行的"，或者换句话说，"哪些模因在掌控我们当下的文化"。根据答案就能生成文化现状图谱。哪个模因对文化的影响越大，就把对应的六边形画得越大。

为了保证文化图谱尽可能客观、真实，我们建议将三种视角综合起来：内部视角、外部视角、调查结果。文化分析工作的原则是，无论是内部还是外部，我们都做不到全能全知，文化也无法被简单地测量。唯有认真地综合这三种视角，才能获取最优图像。

- 内部视角：仔细考虑文化中的各种颜色。在绘制文化图谱时，我们的经验是，先画两个最大或最小的六边形，这样比较简单，能够快速构建大致的文化图谱雏形，然后进行微调即可。

- 外部视角：当我们感知世界时，感知到的其实是我们自己！这意味着自我形象是带有欺骗性的，因为你们可能已经被自身文化中占据

内部视角

周边环境

组织

外部视角

周边环境

组织

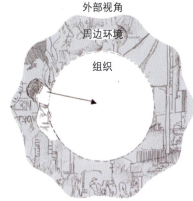

调查结果

周边环境

组织

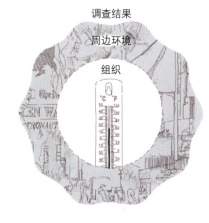

主导地位的模因成功"感染"。而外部观察者会从不同的视角评估你们的文化。你们视为普通的，在外部观察者眼中也许就是特别的，无论是积极的还是消极的。为了获得外部视角，你们可以动员有机体外部的利益相关者，如客户、供应商或者其他部门、第三方咨询人员或者刚来企业工作不久的同事。

- 调查结果：调查数据有助于对第一轮纯粹通过定性收集形成的文化目标图像进行比较、修正；这时你们不妨使用第1章中的小问卷。除此之外，为了提高数据质量，有效呈现核心文化模式，我们建议从文化图谱出发，为企业、特定环境等量身定制一份新问卷。如果企业正因一个宏大的创新倡议而徘徊，你们可以采用七种颜色突出变革中的挑战。你们将以何种风格迎接这个新课题——是蓝色的条理、黄色的好奇还是红色的决断？如果你们更关注作为雇主的吸引力，那么有必要调查一下是什么在激励人们：是紫色的归属感、橙色的成功机遇，还是水蓝色的使命感？ 总而言之，良好的数据能够引发批判性的讨论，促进彼此对话，并避免文化可测的假想。

以上三种视角的结果是否一致？例如，数据显示你们在会议和个人反馈中都非常注重绿色，并将和谐视为优势，你们画的绿色六边形却很小，那么你们应当深入、彻底地围绕绿色对你们的实际影响展开讨论。但在此过程中不必过于郑重其事，无须把问卷答案的每一点都视为法则，量化的调查结果是一种信息来源，但不是唯一的信息来源。这同样适用于来自外部的反馈、个人的文化体验。每种视角都有助于验证和清晰化整个文化图谱的全貌。

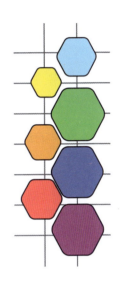

在这个阶段，你们会自然而然地仔细观察自身所处文化的优势、劣势——这是任何组织发展倡议的重要出发点。例如，一个巨大的蓝色六边形代表着秩序、可靠性；如果再加上很大的紫色和绿色六边形，那么表明即便在动荡时期，这个企业的文化也能保持稳定。但如果文化图谱左侧的六边形都比较小，那么问题就出现了：该企业的灵活性、活力等方面亟须被关注。

 ## 第二阶段：周边环境和挑战

文化发展不是一场愿景音乐会。文化应当帮助组织有机体在一个不断变化的环境中保持"健康"，也就是保持生命力。文化优势到底有何价值，文化劣势能够危害几许，只能在与周边环境的互动中——呈现出来。该阶

段的关键问题是：文化模式应当满足哪些需求？机遇与危险何在？

- 如果从企业层面出发审视所处的文化，那么周边环境的变化至关重要，如市场发展、客户需求、科技进步等。同时，来自内部的需求也不能被低估，如企业当前战略的主要方向、企业重组、新的合作模式等。在实践中，企业领导层喜欢利用这个阶段向大家强调面临的各种挑战，并不断提醒大家不可遗忘。

- 如果"焦点系统"不是整个企业，而是某个分支机构或部门，那么你们应当着重分析组织内部的环境。在这种情况下，很可能你们要面对的最核心的需求来自企业本身，并要求该"焦点系统"必须满足。

在定义了最重要的需求之后，现在你们可以考虑在当下的文化模式中，哪些有助于你们满足未来的需求，哪些则会成为障碍。一旦对促进和妨碍的各种模式了然于胸，你们就可以大步向目标迈进了。

第三阶段：目标图像

第一、第二阶段的工作结果能够帮助你们初步绘制一个文化目标图像。这时请记住，世界上不存在一种放之四海而皆准的、适用于所有情境的"正确"的文化模式。根据文化的出处及其希望（或者必须）实现的目标，文化模式存在多种可能性。

在权衡哪些文化特征应当被发展、哪些应当被摒弃时，有三个维度可以提供帮助。请考虑如下问题：哪些模因可以用于达成哪些目的；哪些模因必须被改变；哪些模因可以继续使用。

"不要与力量对抗，要利用它们"，这是哲学家、系统思想家巴克敏斯特·富勒的金句。只要有可能，这句名言就应该成为企业文化设计的导向，我们当然要懂得利用现有文化优势的力量。哪怕某些貌似妨碍我们的文化模式，它们的背后也隐藏着有益的模因。例如，避免冲突的绿色中包含着共情、宽容，官僚主义的蓝色中也许掺杂着毅力、耐力；而极具攻

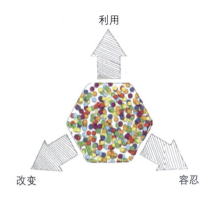

击力的红色中从不缺勇气与决断力。只要我们合理、巧妙地做出安排，所有这些特质都可以为我们所用。

有些模式不能被归类为优势，反而削弱或阻碍了有机体，这时你们有两种可能选择：要么改变，要么采取容忍的态度。你们可能对容忍感到困惑，毕竟我们的目标是创造尽可能最优秀的文化。但在组织的复杂环境中，有时候需要"睁一只眼闭一只眼"，因为改变很可能效果不佳，甚至产生极其严重的后果。例如，紫—绿的夏季会餐派对已经不适合刚刚通过的红—橙战略，但有必要因此取消这个传统节目，进而引发广泛的不满和对抗吗？这么做有利于达到目的吗？早在公元前 500 年，中国战略家孙子就已经指出，"知可以战与不可以战者胜"。

因此，你们不必与每个可能有危害的模因"开战"。与此相反，企业文化设计应该着重关注那些对文化有关键影响作用的发展方向，加以确认并积极构建，在能够真正决定成败的运作领域倾注全部精力。你们可能需要摒弃一些在企业广泛存在的老传统，但也有一部分不妨保留（不会引发组织的生存危机）。

在这个阶段，大家共同确定文化发展方向，除了"狠抓质量""研发

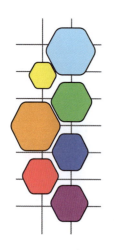

新产品"等这类战略方向，现在企业也有了文化发展的引导要点。所有人都明白了诸如"明年我们的焦点在橙色—水蓝色上，大家希望纠正目前的紫色—蓝色文化"，基于此共同制定文化目标，所有参与者都能够对各自的行为做出调整。

你们就这个文化目标共同绘制文化图谱，用七种颜色的六边形描述所追求的未来文化模式。作为选项，你们也可以用文化灯塔来展现目标图像。

▎ 以文化灯塔为导向

自古以来，灯塔就为海员们警示各种危险，如浅滩、沙床、礁石等，哪怕浓雾弥漫、风浪滔天也能指明前进方向。它们发射出强烈的信号，灯光一闪一闪，从很远的地方就能看见。尽管如此，海员们只要不想沉船就必须远远绕开它。而我们则反其道而行之，努力靠近文化灯塔，那是我们的目标。这些文化灯塔同样也在发射信号，以某种特定色彩闪闪发光。这种色彩如此耀眼，令人全心向往，它同时也真实地照亮了文化发展中的关键主题。无论我们的日常工作如何"风大浪急"，这些文化灯塔永远都在指引着我们。

你们现在可以共同描画自己的文化灯塔，为你们的文化发展提供方向和路径。此处分享我们的经验：在进入第四阶段时，你们的灯塔最多不要超过三个。

请为每个灯塔的色彩定义相关的重点内容，例如，红色对应更加直接的冲突文化，紫色代表着团体归属感。然后你们就可以斟词酌句，把未来文化诉诸实实在在的文字。

你们详细描述新的企业文化，尤其致力于描述那些能够带来文化转变的行为方式（冰山的可见部分），把未来的文化尽量具象化。例如，你们可以用这些问题作为开端，"在某些特定场景中，我们应当如何表现""我们的团队成员如何对待彼此""我们的员工有哪些体验""客户如何体验我们的文化"，等等。再以红色的冲突文化为例，这时我们的回答可能是："我们为了得到最好的解决方案而斗争，即便一开始成为敌人也在所不惜。"或者也可能是："如果我看不到这次会议的价值，那么拒绝参加也合情合理。"

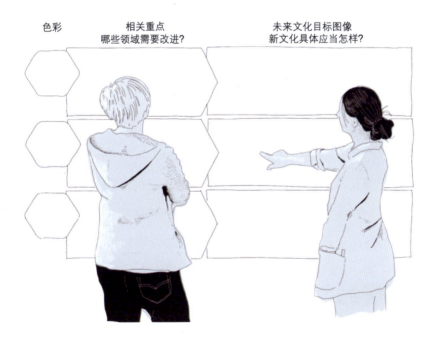

▎ 文化图谱还是文化灯塔

是选用文化图谱还是文化灯塔来描绘目标图像，这个问题说到底是个人偏好，可以视具体情况而定。两种方式都有效，当然也各有长处：

- 选择文化图谱来描绘未来文化模式，能够以叙事方式讲述面临的变革。此时它不仅提供方向，也可以用于比较对照（具体见后文）。文化图谱就像一张地图，能够进行全方位展示，但与文化灯塔相比，它提供的指导不那么具体。

- 文化灯塔遵循的叙事方式不同于一张整体大地图，它是当前情境中的路标，给出了前进方向，在自身独有的灯光中，聚焦、透视那些可能阻碍成功的领域。

归根结底，两种方式都致力于为组织未来的文化发展提供指引，同时，它们并不意味着"一段旅途或一次长跑的终点"。它们更像指南针，在你们共同努力构建企业文化时，为了达到目标而切实指引你们的日常行为。此外，它们并不是永恒不变的，而是灵活的，当组织战略、周边环境发生变化时，你们就可以对之做出调整，以适应新的环境。

 第四阶段：行动领域

目标图像完成后，我们这段旅程的目的也变得清晰起来，由于广泛的参与，它被大家所接受。更重要的是，大家能感受到某种能量在喷涌，将文化向目标推进。现在我们的任务是促进这个发展进程，投放适当的模因，界定有利于改变的行动领域。

此处，很多人期待我列出一张清单，内容包罗万象，从机械性的杠杆到对每个六边形的精确校准——我不得不令你们失望了。一如上文所述，人不是机器，文化发展师也不是机械师。当然，这并不意味着我们就没有施加影响的可能性，这种可能性在系统、集体，甚至个人层面上都存在。许多理念、措施、倡议在进程中产生，都可为你们所用，其中不少解决方法是原有的，只需重新校准、加强或者只是简单地加以推广，使之深入人心。但有时候你们也需要共同踏上全新的旅程，塑造新的企业文化。

▎足迹变成道路

对于文化发展，我们拥有哪些可以施加影响的可能性呢？这里不妨借用一个图像：一个横杆路障，周围很多车轮印绕过它。该图深刻展示了文化如何产生、如何起作用、如何被影响。

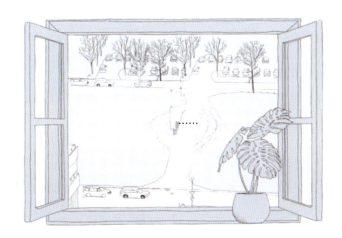

设置路障

我们假设这个路障是有意为之的措施。我们希望大家在路障前停车、取票，否则整个停车场会过于拥挤，连消防通道也会被堵住。但是，很大

一部分文化明显不按理出牌，轮胎印记清晰可见。我们希望改变这一点。如何实现文化变革呢？

有人提出建一道"篱笆墙"作为解决方案，这是一种系统性的措施。这样造就既定事实的做法在某些时候可能是正确的，但并不总是可行，而且会带来负面效应。例如，这块土地上也许不允许建"篱笆墙"，又或许将企业彻底包围会传递一种完全错误的信号。更有效的、对环境和资源更友好的做法，可能是向所有人解释这个路障的意义所在。很少有人会故意堵住消防通道！在实践中，大量文化倡议提出的结构性、战略性措施惨遭失败，其原因就在于意义不明。

只有当具有影响力的"文化烙印者"以身作则，这个路障的重要性、其所传达的意义才会变得令人信服。也就是说，当管理层每天上午开车绕过路障，那么公司员工肯定会效仿，此时即便措辞最优雅的停车场规则都无济于事。留在地上的车轮印迹，才真正地反映了心理期望，传递了文化模因。

同样重要的是，大家必须不断地互相提醒"我们有共同的期待——文化目标"。所以管理层应当鼓励那些有促进作用的行为，并对阻碍性行为相应做出反应，这听着平淡无奇，但管理层经常不这么做。假设某个橙色组织现在追求绿色的文化目标，但实践中获得荣誉和褒奖的，却仍是那些不惜一切代价损害他人利益而提高自己销售额的人员，那就需要有人对这种行为加以批评，必要时甚至加以惩罚。总之，必须让管理层对此高度敏感，以文化目标为准绳对行为做出评估，并给出回应。

"文化烙印者"并不一定是管理层，根据我们的经验，最有效的警醒发生在同等级的同事之间。如果某个良好的建议来自上层，大家可能会觉得"老板说得容易……"而将建议束之高阁，而同等级人员之间的反馈却极具影响力。如果某位同事不属于直接领导层却对某些行为做出批评，他的发言通常会被重视！这体现出个人对文化发展其实具有很大的影响力。如果这种影响是集体性的，例如，某个小群体着手应对这个"消防通道"的问题，并持续加以高度关注，那么效果会更佳。

留下足迹

我们假设路障旁边还没有车轮印，而且路障是前人留下的；而我们希望未来少一些蓝色的流程忠诚度，多一些橙色的实用主义。

如果路障旁还没有车轮印，那么做第一个偏离轨道、留下印迹的人并不容易。当然，如果组织内已经对新的文化目标有广泛的认同，大家会感觉拥有了合法依据，相应调整自己的行为也就简单些。但是，无论如何，开创新的道路需要勇气。只要有人留下第一个印迹，很快就会有人跟进。随着时间推移，零星的印迹便会成为阳关大道，习惯性行为就会形成文化。

围绕文化发展的主题，在个人、集体、系统的不同层面上设置行动领域，此处也值得花点时间：也许在先锋们开辟新道路时积极给予支持是件好事，但是，如果直接取消路障，开创系统新局面又会如何？或者也可以全体人员改骑自行车，在公司园区内驱逐机动车。

┃ 企业文化设计措施举例

企业文化设计措施的激进程度取决于所需变革的深度，即取决于现有文化的"健康"程度。这就像我们自身的健康状况，谁长期忽略自己的身体，就得为此付出高昂的代价。做个心脏搭桥手术当然可以救命，但一点也不

好玩，并且隐含巨大风险。相反，当注意健康并定期参加体检时，我们可能就无需这种大手术。同样的道理也适用于文化管理：谁把文化发展交给偶然性，有一天就会恍然大悟，为了维持组织有机体的生存，他将不得不采取激进的干预措施。

后浪推前浪的文化浪潮

在定义行动领域时，可能会面临顾此失彼、眼高手低的风险。人们原本就忙碌于日常工作生活，还得面临很多新的话题，看不清其意义和方向所在，自然反应比较冷淡。大家的学习资源有限，因此，集中注意力、聚焦就是文化变革所需的重要素养。

此外，人们也有可能对组织中的文化变革采取一种保守的姿态，即所谓的"与我无关，请别牵扯我""我们的文化当然需要改变，不过这跟我个人关系不大……"等。我们总结多年的实践经验认为，为了向我们的目标文化、文化灯塔进发，最好的可能做法就是引领连续的文化浪潮，每个浪潮都致力于促进特定的模因，例如，用三个月的时间聚焦水蓝色模因，接着是红色模因，然后是黄色模因。

在象征意义上，文化浪潮会"打湿"所有人。浪潮充满力量，把一切颠簸得东倒西歪，触及每个角落，令我们充满敬畏。但最终，冲浪也带来了无穷乐趣！借助文化浪潮，大家可以切身体验所需要的模因，将其融入日常行为并传播开来。一旦人群被这些理念、信念所感染，就不再会轻易放弃。

　　每个浪潮席卷都带来了相应色彩的适当体验，为大家送来信息、灵感，有时也让大家困惑，但总的来说，浪潮起到了推动、促进的作用。关键在于，处于浪潮中的人群不是消极的观众，而是积极的主角，他们主动构建自己的体验。例如，水蓝色浪潮催生一个使命之链，在组织的大目标下，各环节自主定义切实可行的措施，从而强化整体目标。在红色浪潮中举行一次"失败挫折之夜"活动能够为大家鼓劲，一个辩论竞技场能够加强冲突文化。在随后的黄色浪潮中，大家便能共建新的创意空间。

　　过往经验显示，启动文化浪潮的一个有效方法是集中精力构建动力，例如，可以举办一个相应色彩的文化启动活动，不仅放眼未来期待的各种动议，更为大家提供新浪潮即将来临的首次切实感受。公司最高管理层能够利用这个舞台表达鲜明立场，并尽早扮演榜样角色。一如浪潮中的所有动议，这个活动的策划、组织最好也能动员组织内各部门广泛参与。

跨浪潮的全程措施

　　那些与文化浪潮并行前进、贯穿全程的措施，也为跨领域的文化发展提供了方向。正如变革领袖约翰·P. 科特（John P. Kotter）的分析，仅有变革意愿是不够的。要改变某个组织，必须主动出击，清除种种障碍。这些障碍往往存在于组织有机体内已知的维度中（见第 2 章），尤其是那些对文化起决定作用的管理系统和结构中。如果这些系统和结构依然奖励旧的行为，那么它们其实在阻碍文化目标的实现。绩效评估、薪酬体系是依据绿色还是橙色文化，当然会有所不同。因此，在目标文化中对此有意识

地做出精确校准是完全必要的。此外，可以通过各种贯穿全程的培训方式，尤其是针对管理层的培训，引导他们在工作中向文化看齐，也能够对文化变革起到辅助作用。

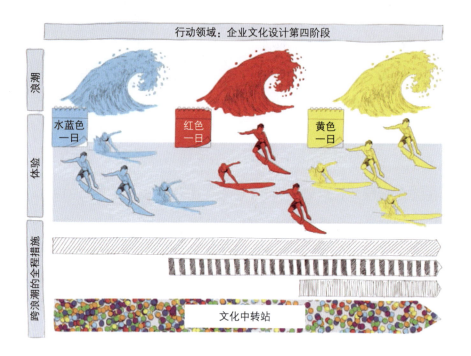

建立一个文化中转站可能很有必要，对所有措施进行协调。作为文化运动的核心，它兼具各种功能：起点、纽带、指挥者、知识传播者和沟通者。

▎个人行为模式

对个人行为模式加以细细剖析，其中的好处显而易见：文化诞生于人群的日常行为中，即每个人与他人的互动中。硅谷传奇人物本·霍洛维茨在他的《你所做即你所是：打造企业文化的策略和技巧》一书中，就个体的言行如何影响组织文化做了描述，他在此过程中引用了一句军事格言："你如果发现了低于标准的事情而不作为，那么你已建立了一个新标准。这句话同样适用于文化，如果你发现了与文化不符的事情却视而不见，那么你已创造了一种新文化。"忽视问题的人，从长远看来，就等于为那些会损害组织的模因背书。也就是说，每个参与者都对企业的文化变革负有责任。

下面附上这个简单的心理学公式，它可以帮助我们更好地了解行为方式，掌舵文化发展：

$$V = P * U$$

个体的行为（V）等于个人性格（P）乘以周边环境参数（U）；在这两个变量中，隐藏着文化发展的出发点。P 包括驱动力（我要）和能力（我能），U 则代表社会的"你必须"和"你允许"，即周边环境的期待、奖惩，以及个人此刻所处的周边情境。

$$V = P * U$$

一如模因转移（见第 2 章），大家可以预见这两个变量是相互影响的：人对环境产生影响，环境或多或少也在影响人。

- 变量 U：只要周边环境仍在促进、奖励旧的行为，新的行为就很难产生。想要新的行为方式，就必须改变环境的某些参数。一个屡见不鲜的现象是，在各种领导力课程、工作坊结束时大家无不激情满怀，信誓旦旦要立刻着手改变，然而第二天他们就发现自己置身于习惯的环境中，许下的心愿一个个变成泡影。最终他们又屈从于环境：管理人员、同事、各种引导组织行为方式的管理系统，包括目

标系统、薪酬结构、职业发展路径、绩效评估、流程规定等。上述周边环境参数对个人的影响在于，它们决定了哪些模因能够获得传播。它们可以奖励红色的勇气、蓝色的精确，或者黄色的创造力。只要对它们进行文化设置，就可以突出任何一个六边形。同样，我们也可以从那些需要被加强的文化特质出发，对它们的设置做出调整。

- 变量 P：通过苦口婆心地劝说，甚至威胁而试图改变某人的个性，这无疑是徒劳的，更好的方法是采取诸如培训、一对一辅导或指导等措施，尤其是当这些措施带来新的体验、质疑现有习惯时，能帮助人们接纳新的模因。此外，有针对性的经验交流、有意识的反思、外界反馈等，也无不有助于对现有模因群进行批判性审查。那些能使人更容易接受新视野、获取新认知的措施，必然也会影响人的感知、思考、情感、行为。假如此人不愿意，或者不能够继续发展，那么还有一个方法，即可以考虑把此人作为整体加以更换，也就是让其他人来接替这个岗位，如此达到变量 P 的改变。毋庸置疑，这种有效的方法也蕴含着较大风险，当然必须三思而后行。人员的更换不仅使文化受损，失去了部分知识和能力，组织有机体的天然本性更决定了它不是一台机器，不能随意替换某个组成部分而保证万无一失。同样，新的人员能否被组织有机体接纳，也没人能打包票。内部关系错综复杂、难以捉摸，可能使人员更换为各个环节带来负效应，有时甚至令人瞠目结舌。但无论如何，策划文化变革时有必要考虑某些职位的更替、人员的更换，因为每个个体对文化的影响非常重要，以至于我们无法忽视人与文化之间的相互作用。

我的色彩

用文化图谱绘制了各自的组织文化后，常常会有很多参与者向我提问："我的个人色彩是什么？"可能你在阅读过程中也在思考，能否把文化图谱的色彩逻辑应用在个人层面上，帮助分析自己的行为。是的，可以！

文化图谱的色彩不仅能够把团体和企业的文化目标图像化，从而有利于展开讨论，它也同样适用于描述个人的特定行为方式。一旦文化图谱的色彩逻辑在企业中生根发芽，员工便会经常聊起在某些特定环境中他们的色彩如何如何："刚才开会时，你表现得很橙色……"

我们文化学院用"我的色彩"来呈现个人的行为方式。该模型的特点是，它仅限于描述某人工作时的行为方式！如上文所述，行为是个性与环境的产物——环境的权重常常被大家低估。比如说，很多人喜欢周末在足球场上你来我往，凸显红色的竞争对抗，或者在各自的协会中展现橙色的企业家风格。但是从周一到周五，他们会适应紫色、蓝色的组织文化模式，展示相应的行为方式。环境起着决定性作用。

因此，"我的色彩"的目的不是发掘某人内心深处的价值观和信仰，这都属于私人范畴。它更专注于唤醒大家的注意力，即怎样的行为方式才能影响周围的企业文化。"我的色彩"从两个角度为此提供信息：作为自画像（自我视角）和作为反馈工具（他人视角）。

"我的色彩"自我视角

为了制作自画像，你们最好使用问卷分析特定的行为方式。我建议在

语言上、内容上努力适应组织环境，尤其是对最近三个月的行为进行重点剖析。下列问题会为自画像最终成形起到引导作用，并带来首次"我的色彩"自我测试。

当问卷内容广泛时，你们需要就每种色彩给出多个回答，那么采用子类别会很有帮助。例如，红色可以细分为"展示决断力""面对冲突""快速行动"等；每个子类别的背后都包含着特定的行为方式，在问卷中——体现。我们文化学院采用一个 App 来完成自画像（详见后文）。

"我的色彩"他人视角

如能增添他人反馈信息，无疑会大大提高"我的色彩"的价值，因为这样能够揭示自画像中的盲点。但是，如何给予和接受反馈，这是个困难的话题——这不仅限于绿色组织，它们推崇的和谐会被打破；更常见的是缺乏合适的空间、合适的措辞，而"我的色彩"提供了这两者。

在双方对话中，借助"我的色彩"工具套件，人们互相描述对方的行为。此中他们就"我的色彩"及期待感受的色彩，相互传递"我的色彩"人偶，同时必须用企业日常工作中的实例解释他们的选择。

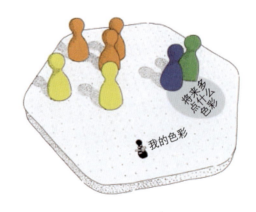

	不符合	基本不符合	部分符合	大部分符合	几乎完全符合
我在捍卫组织的传统	◯	◯	◯	◯	◯
我根据经验做出决定	◯	◯	◯	◯	◯
我为自己的目标坚决抗争	◯	◯	◯	◯	◯
我全力加速前进	◯	◯	◯	◯	◯
我把问题一一归类	◯	◯	◯	◯	◯
我一直有意识地遵守规章和流程	◯	◯	◯	◯	◯
我观察他人的成功秘诀并引为己用	◯	◯	◯	◯	◯
我巧妙应用策略	◯	◯	◯	◯	◯
我习惯在他人倾诉时做个好听众	◯	◯	◯	◯	◯
我向周围的人群展示我的感激与欣赏	◯	◯	◯	◯	◯
我深入研究疑难问题，寻找答案	◯	◯	◯	◯	◯
我经常质疑例行的路线和习惯	◯	◯	◯	◯	◯
我优先考虑长远目标	◯	◯	◯	◯	◯
我向外界展示我们企业的精神	◯	◯	◯	◯	◯

"我的色彩"练习把具体的行为方式放到桌面上摊牌，或者可以说，放到色彩棋盘上摊牌。这套彩色人偶在玩具店就能买到。一块硬纸板也能勉强用作棋盘，并在纸板上划分两块区域："我的色彩""将来多点什么色

彩"。通过这样的面谈,参与者能够获知他们的言行给人留下了怎样的印象,以及他们实际上对文化产生的影响。游戏的场景布置能够保证开放、尊重的谈话,但批评的言论同样能够得到传达,无论是面对管理层还是同事。

"我的色彩"传递的信息常常让对方感到困惑,但在最初的困惑之后,参与者很快就会意识到其价值所在。我永远不会忘记某个金融机构董事会研讨会上的"我的色彩"一幕:他们的企业文化设计流程展示出非常稳定的紫色、蓝色、绿色文化模式,董事会决定在未来更加聚焦橙色的企业家精神、客户导向、主动倡议等。全体董事希望以身作则,并决定反思各自的行为方式。当四名董事会成员轮番给出反馈后,他们终于意识到一点:董事会中几乎没有橙色的人偶! 正是基于这个认知,所有在场者都能够通过这次反馈得出结论,即将来会有意识地加强橙色行为。他们实际上找到了一个正确渠道,能够开诚布公地讨论行为方式,并对此加以改进。

我们文化学院也积累了关于"我的色彩"的经验——无论是关于内部同事的,还是关于外部客户的。我常常想起某次与客户的"我的色彩"谈话。我们很荣幸地为他们组织文化转型提供支持,那是个非常宏大、长远的项目。在合作足足一年后,客户给了一个令我吃惊的反馈:在"将来多点什么色彩"区域,他居然放了一个水蓝色人偶! 他迅速给出了理由:项目开始时充满了愿景和灵感,而在现在的会议中,蓝色的项目计划占据了主导地位。因此,他希望我们在未来的合作中再多些水蓝色。我个人完全忽视了这一点,而他是对的! 于我而言,这个认知既让我惊讶,又非常有帮助,这样我才能对我的盲点做出反应。在事后的会面中,我们双方有意识地加入了水蓝色模因,并决定每半年举行一次这种客户与顾问之间的、跨组织的"我的色彩"反馈会议。

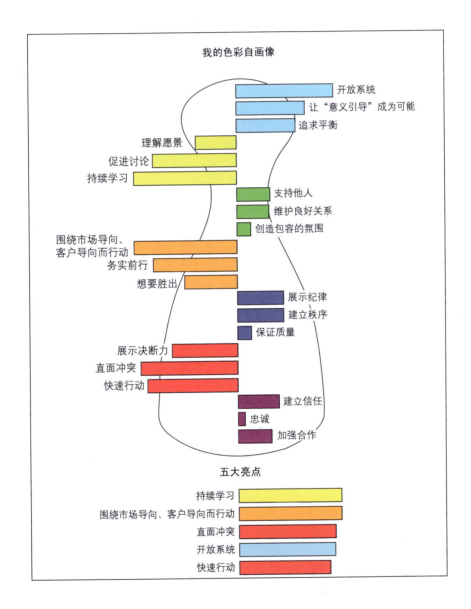

 监测文化发展的走向

文化变革是否可测量？董事会成员喜欢提出这个尖锐的问题。现在我可以自信地回答"是的"。当然，把文化变革精确到小数点后两位意义不大，世界上也没有一种测量工具能够达到这种精度。测量的关键价值在于提供数据，对动态发展进行评估，这完全可以做到！

依据正确信息做出重大决策，这种做法绝对符合逻辑，也是正确的。贯彻某个文化倡议意味着代价和付出，而资源总是有限的——不仅指金钱，还包括时间和精力。数据能够揭示文化的哪些主题和领域进展良好，哪些则有待进一步校准。对于有意识的组织建构和文化发展的持续导向，这些信息无疑能够决定成败。

实践经验证明，有三种测量方法比较理想，它们可以单独使用，也可以综合使用：文化 KPI 监测、截止日状况监测、长期监测，后者可以借助文化 App。

文化 KPI 监测

在绘制目标图像时，同时定义所需的、在文化发展过程中应当改变的 KPI（Key Performance Indicator，关键业绩指标），这些指标可以用于监测。例如，员工的离职率、入职率往往是紫色的指标，业绩评估的结果可以纳入橙色、绿色文化模式，黄色则会充分体现在创新指标中。更有一些跨领域的指标与文化的"健康"息息相关，如企业对于求职者的吸引力、员工的病假天数等。

此处我们应当注意，这些 KPI 的发展当然不是直线的，不能只归结到某个特定原因。例如，企业中层的女性比例无疑很值得关注，但如果把它简单归于某个文化措施所带来的结果，那就不太严谨了；唯有将多个 KPI 综合观察分析，才能给出合理解释。同时，KPI 只是关键绩效指标，不是关键绩效证据，即它们只是指标，而非确凿的证据。因此，它们不能代替对于单个措施是否有效的讨论，而是丰富并验证了这些讨论。

截止日状况监测

截止日状况监测作为第二种测量方法（也可以作为 KPI 方法的补充），也能提供重要数据。我们在指定日期——如每年或者每两年——展开企业文化设计流程的第一阶段改良工作，对当前文化进行分析。为了更好地整合定量和定性信息，这个监测囊括、综合了之前所述的三个视角：内部视角、外部视角、调查结果。

某些文化重点诞生于最初的文化倡议框架中，截止日状况监测能够更彻底地对它们进行剖析。例如，我们假设强化橙色的客户导向是当初的重点，那么就必须对此加以特别关注，无论在调研中，还是在工作坊里，我们都可以用引导性问题为这个主题增添分量：“员工对市场和产品到底了解多少？”“与客户直接接触的员工数量是否增多了？”“那些不在销售部门工作的员工，是否也会积极推荐企业的各种产品？”

将截止日状况监测结果与企业文化设计展开时最初的测量结果进行对比，就可以看到文化作为整体的发展方向，同时也可以确认哪些行动领域进展良好，哪些还需要改进。组织现在如愿以偿地增强了水蓝色的意义导向，但同样重要的红色勇气还是起色不大？好吧，这不算最好的结果——不过数据至少显示了问题所在，我们也能对文化发展做出相应的校准和有意识地强化，或者更新某些措施。

长期监测

显然，文化发展的节奏不是按照年份，而是无时无刻不在进行中。人们天天生活于文化中，天天在创造文化。数字化工具能够更好地支持、跟踪这种发展，这个监测可以实时提供各种数据，帮助大家自主地掌舵文化。它是文化构建者的导航系统。

在文化学院，我们为此专门研发了一款网络应用的文化 App，用于支持我们和客户的合作项目。其中的基本逻辑也适用于其他软件方案，有时还可以集成到现有系统中，如市场常见的内部网络系统。我们的文化 App 包含下列功能：个人发展目标、文化雷达、变革晴雨表、我的色彩问卷，以及所有人可见的报告和补充性的媒体内容。

其中最引人注目的是个人发展目标，此处我们应用的原则来源于健身和健康领域，并将其做了改进以应用于文化发展：智能手机上的计步器鼓励我们走楼梯，而非坐电梯；另一个 App 适时提醒我们喝水；正念 App 建议我们进行短暂的冥想以便减轻压力——同理，我们的文化 App 激励用户把计划中的文化变革付诸实践。具体操作如下：用户根据已经制定的文化目标大前提，选择、确认在企业日常工作中应当加强的特定行为方式。例如，红色目标代表"有意加快节奏""开会时直言不讳表达看法"。一周结束时，App 会要求用户自行评估自己的实际表现。这个方法带来很大反响。

基于这些累积的匿名数据，文化 App 的每周总结报告便可以展示组织成员当下对哪些文化主题正在进行有意识的努力：如果很多用户声称确实加快了节奏，或者改变了他们在会议中的表现，那么这也会影响、鞭策他人成为积极的文化构建者。文化雷达的数据会对报告起到补充作用，它不间断地记录用户在周边环境中感受到的最强烈的三种色彩。变革晴雨表则用于评估变革中的核心成功参数，例如，用户可以描述他们的周边环境的氛围如何，他们是否感觉到改变的能量，等等。

因此，文化 App 不仅是一个监测工具，它还完全遵循企业文化设计认知、能量、专业知识的三和弦原理，促进个人和集体的发展。数据为我们提供了认知，了解文化现在处于什么状态，哪里状况良好，哪里还有问题；能量诞生于个人发展目标和所有人可见的报告。媒体内容帮助我们围绕决定性问题，有的放矢地积累专业知识：从鼓舞人心的 TED 演讲到企业内部专家意见，它们交织在一起，可以传递任何内容。

第5章

企业文化设计之实践篇

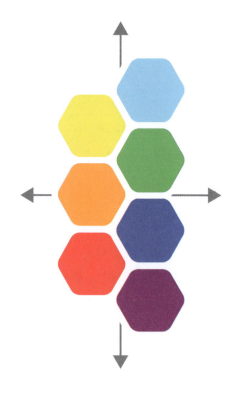

来自企业文化设计世界的经验之谈

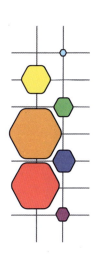

正如上文已经提到的，企业文化设计唯有在实践中才能焕发生机。因此本章将为大家带来一些实际案例、企业文化设计具体措施选例、文化黑客技巧等。案例生动说明了在具体项目中如何进行文化发展工作，企业文化设计流程在企业日常工作中如何展开，以及相关负责人在面临文化发展的挑战时找到了哪些解决方案。出于保护隐私的目的，所有案例都做了异化处理，公司采用虚拟名称。

如果读者有兴趣了解最新的项目报告和参考客户的具体工作方法，我们的网站随时更新最新案例，欢迎访问！

案例

▍某投资银行的企业发展

案例背景

MoneyPowerMoney 公司（简称 MPM）是一家成功的美国投资银行，拥有国际化的分支机构网络。其香港团队希望加强企业文化，于是举办了文化图谱工作坊，参加者包括该分支机构的全体高级管理层，他们来自全

球各个国家，有些人在几个月前刚刚加入 MPM，在公司服务几年以上人数的几乎为零。

当前文化

参与者对香港分支机构的当下企业文化做了反思总结，借助文化图谱剖析当下的文化模式，以及与之伴随的优劣势。

在文化图谱的帮助下，当下文化模式的优势和劣势变得清晰可见。一方面，MPM 的奋斗精神、决断力、灵活性给人留下深刻印象。该公司以市场为导向，热衷于快速创新。但同时大家也发现，这种短期导向会威胁企业的长期成功，因为一旦分红不够丰厚，最优秀的人才走得最快。MPM 的文化模式个人主义色彩浓厚，集体意识和集体主义价值观几乎没有，紫色的归属感、蓝色的结构、绿色的关联、水蓝色的愿景统统不见。

周边环境

关于周边环境，大家确定了四个重要驱动因素，它们对文化提出了挑战。

- 金融行业的激烈竞争：最近几年市场状况进一步恶化。
- 科学技术的创新：技术周期越来越短，一旦错过某个环节就会被甩在后面。

- MPM 全球战略推广：来自美国总部的战略指导也必须在亚洲得到贯彻。
- 找到和留住顶尖人才：当下求职者要求的不仅是高薪和其他物质激励，其他诸如保障家庭生活质量和工作的意义等变得日益重要。

	MPM 虽然历史悠久，紫色价值却微乎其微。公司不是一个真正的共同体，只是一个人们聚集在一起追求个人目标的地方。这些人对组织、组织所代表的一切基本没有认同感，离职率很高。人们来来去去，就像一群雇佣兵，把组织视为家庭在他们看来无比荒诞，其他银行引以为荣的所谓传统也对他们毫无影响
	人们期待付出后能够立竿见影获得奖励，他们为此努力工作。他们注重的是每日、每周的成果，而不是遥远的年度成果 他们不安分，时刻保持警惕，随时准备做出决定，并将其快速付诸实施。市场瞬息万变，没有时间留给怀疑、犹豫 弱者无法在 MPM 工作，大家针锋相对，习惯直言不讳地表达自己的想法。公司要求员工具有强大的抗压能力，谁能力排众议推行自己的想法，谁就能快速晋升，而做不到的人很快就消失了
	MPM 当然也有一些正式的结构和规则，但大家不认为它们具有约束力。在 MPM，持久力、耐心不被重视，大家推崇的是与官僚主义进行坚决抗争 在正式的等级制度、职业生涯规划、收入选项等方面，公司具有透明度；但这些更多被用于鞭策那些雄心勃勃的员工，而不是用于结构和稳定的框架

续表

MPM 的目标是获得成功。除了外部的竞争压力，内部的竞争也异常激烈

员工个个豪气冲天，誓言不达目的不罢休，为了金钱和地位，他们全力以赴。他们在工作中是务实和灵活的，喜欢走捷径，每个人都了解如何穿越"灰色地带"。他们认为"扩展"规则并不是违反规则，而是策略。员工之所以成为这个组织的一员，是因为组织目前承诺为其提供某些优厚条件；一旦另一个组织承诺提供更多，他们会立刻离开

他们善于快速发现新的机会（潜在利益），并成功利用。他们乐于在下班后继续展示赢得的奖杯。对豪车、名表、本市最热门的俱乐部举行的狂欢派对等，他们情有独钟

MPM 的员工表示，他们彼此之间合作良好，但仅此而已。他们一起工作，一起庆祝成功。公司走廊中涌动着个人主义之风，几乎感受不到绿色的同情心和同理心。每个人只关心自己，从不期待其他同事会为了帮助自己而做出退让。深厚的友情几乎不存在。没人会与他人倾心交谈、告知私人问题，这被视为软弱的象征

MPM 所有人都明白，情感在竞争中毫无立足之地。关键是事业获得成功，大家欣赏这一点

在金融世界，数据决定成功。正确的分析、模型和方案在其中起到关键作用。MPM 的员工在这些领域中如鱼得水，他们不断寻求新的知识——不是普遍知识，而是那些特定领域的知识：数字、数据、事实，用于支持各种分析、模型、方案

MPM 员工非常重视独立性。很多人希望在年轻时就能实现财务自由。多样性不被视为干扰因素。他们不期待他人持有特定的价值观，或者追求某些爱好，重要的是他人能够带来什么专业优势

续表

	在 MPM，遥远的未来如何发展和整体的大图景很少被考虑，个人行为可能带来的后果只能影响短期内的成功。驱动员工的不是遥远的愿景、某个共同的目标，而是个人的金钱欲望。所有那些无私的、让世界变得更好的想法，在这里统统没有市场
	虽然 MPM 向慈善事业捐款颇巨，但背后隐藏着橙色模因，即这些捐款到头来还是应该为公司带来回报，如良好的公共关系

目标文化

当前文化中的某些重要模式同样适用于未来的挑战，因而可以继续使用，如红色的速度和决断、黄色的科技之爱、橙色的竞争之乐。蓝色模因的薄弱作为问题被提出，但并不构成重大缺陷，人们一致认为可以应付。与此同时，管理人员在工作坊中着手策划，如何采取针对性手段，使文化获得更好的平衡。集体主义和价值观这部分应当获得更大支持，从而加强整个系统的稳定性，大家注重有意识地激活紫色、绿色、水蓝色模因。

行动领域

基于当前的文化模式、周边环境、目标文化，人们制定了下列具体措施，以便有针对性地掌舵 MPM 的文化发展。

	管理层决议，将强化香港分支机构的认同感、集体归属感。全体员工大会将取代原先各部门内部的信息会议，这样不仅能够提高员工的归属感，还加强了员工对公司整体战略的意识
	同时，MPM 将加大力度打造雇主品牌：成为 MPM 的一员象征着地位与认可，就像获得某个私人专属俱乐部成员资格

197

续表

	基于公司整体战略，大家针对东南亚市场的竞争状况提出了一个雄心勃勃的商业目标。每个人的工作都将更多围绕这个商业目标展开，个人的薪酬所得也将与公司长期发展紧密相连
(绿色六边形)	将来，对管理层的评估将不仅限于业绩，也会扩展到他们对团队员工的管理和培养。公司将引入辅助措施（如私人教练），优化管理风格。同时，大家决定更多重视员工工作—生活的平衡

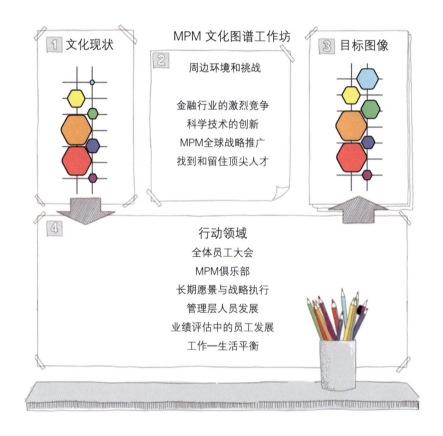

某传统健康服务公司的数字化项目

案例背景

Leib und Leben 健康服务股份有限公司有近 80 年的历史，业绩辉煌。
但在制定公司新战略的过程中人们很快发现，公司需
要一次深入的变革，才能保证未来的成功。

公司责任人深知当前市场变幻莫测，因而在制定
新战略的同时也考虑重新构建企业文化。董事会成员
并非从一开始就全力支持，但面对近几年来客户满意
度的下降、IT 系统的挑战、线上服务亟须更新，以及
公司作为雇主的吸引力正在消失……首席执行官最终
拍板，为这个倡议开了绿灯。在随之召开的文化工作
坊中，公司动员了大批员工参与文化发展项目。

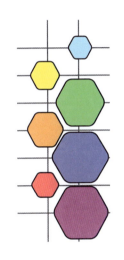

文化现状

在 Leib und Leben 健康服务股份有限公司的文化模式中，图谱右边的
稳定性明显占据绝对优势，而左边的灵活性就略显动力不足。紫色、绿色、
蓝色模因共同形成一个坚固的堡垒，令所有的变革梦想成空。

　　紫色模因最强大。该公司过去非常成功，在业绩稳固提升中安稳度日，
积累了很多经验。面对当前的挑战，负责人总是看"后视镜"（过去经验），
基于过去的经验提出解决方案

　　"我们向来都是这么做的"，这句话在会议中经常听见。同时，随着时
间推移，公司中已经形成了大大小小的紫色"诸侯"，他们关注自身的
时间超过关注市场和客户。公司过去的稳定关系、良好业绩更促进了这
种发展走向

 **Business Culture Design**

续表

	公司里鲜有红色的勇气和决断力，遇到新挑战时，这种情况尤为明显。在紫色、绿色的强大同化力量之下，大家尽量避免矛盾和冲突，没人敢向上层直抒己见
	强大的蓝色源于公司的大量规章制度。凡是能够规范化、标准化的一切，都在该公司被规范化、标准化了。外界的输入——无论是订单还是询价——都毫无例外地进入定义清晰的内部流程。大家的关注点是遵守规章制度，而非客户的利益
	微弱的橙色企业家精神刚刚萌芽，就被强大的图谱右侧扼杀。公司里几乎没人放眼其他领域或者未来前景。同样缺乏的还有来自市场的橙色驱动，无人观察市场走向，更遑论就此研发新的产品
	强大的绿色使员工关系融洽，团队中洋溢着友好、舒适、彼此欣赏的气氛。公开的矛盾？绝不可能！公司非常关怀员工，有自己的幼儿园、免费的新鲜水果，甚至还有一个健身房。没人知道上次解雇某人是什么时候
	文化图谱右侧的同化力量如此强大，使得留给思考、对当前状况发出质疑的空间很小。黄色模因少之又少，无法用数据和新的理念向紫色经验发起挑战
	公司曾制定使命，但未能直达人心，员工知道但不遵循。员工的思考和实际行动大多数局限于团队或部门内

文化灯塔

在目标文化工作坊中，大家定义了三个文化灯塔。

	未来将有水蓝使命引导员工的思考和行动，员工的行动将超越自己的领域，每个人都能为使命贡献一份力量。公司将加强与外界伙伴的紧密合作，面向未来构建健康的 IT 系统，为客户研发新型线上服务

续表

	公司将关注黄色灯塔，营造乐于学习的氛围，为新事物、新变革提供空间和时间。同时，未来将由数据引导决策，而非如今的经验
	红色灯塔将带来勇气和决断力，将陈旧模式击垮。鼓励个人有意识地独立面对风险，排除各种非议，将自己的想法成功付诸实施

行动领域

Leib und Leben 健康服务股份有限公司的文化负责人很清楚，他们肯定不能一股脑实现所有文化目标。因此他们决定采用连续不断的文化浪潮：首先是水蓝色，然后是红色，最后是黄色。每个浪潮历时三个月，聚焦于强化相应色彩的模因，以激发大家思考、提供帮助，最终使大家能够驾驭这次文化变革。

水蓝色浪潮集聚了众多参与者，让大家能够切身感受公司的使命所在，然后请大家详细描述自己具体能做的贡献。在黄色浪潮中营造进步所需的空间，例如，举办黑客马拉松、创建变革实验室等，以致力于大数据主题。此外，还有很多单独学习和集体学习的机会，包括针对不同的未来主题举办定期回顾会议、线上午餐会或其他工作坊等。红色浪潮以一个"失败之夜"揭开帷幕，各种"大清理"活动贯穿全程，坚持与陈旧的习惯和事物一刀两断。在所有浪潮中，员工可以通过不同沟通渠道，分享各自的经验、成功与失败的故事。

董事会 6 名成员都有文化"教练"伴随身边，教练式的对话主要聚焦于他们的个人行为、直接下属的领导风格、分管领域的文化。通过这种方式，原先持怀疑态度的董事会成员也加入了文化变革的行列，甚至董事会成员自发成为文化灯塔的发起人。每个顶级管理团队都积极参与一个文化浪潮的构建。为了有效整合该项目，公司特地建立了一个文化中转站，负责协调各浪潮和相应的激励措施。

大家重新调整了选定的管理系统和管理工具，使它们围绕文化灯塔开展工作。例如，支持新员工的招聘事宜，以吸引更多的黄色和红色应聘者加入公司。引入一个领导力项目，帮助管理层人员更好地理解他们作为文化构建者的角色，并在日常管理工作中设置具体的激励措施。

文化中转站的负责人利用现有传播渠道，努力传播文化变革和文化灯塔的意义，使其深入人心。在信息发布会、内部网、博客和其他交流平台上，大家开始积极关注当下的文化主题。几位员工根据"我的色彩"，着手开发了一个工具，便于大家彼此之间提供平级反馈。

以上措施共同把公司的文化发展引入正轨，员工理解了文化变革的必要性，并获得了适当的激励、能力和工具，以共同塑造变革。

从初创到扩张之路

案例背景

某科技公司 Fastgrowth 曾被视为最成功的独角兽初创公司之一。该公司去年销售额达到 5 亿欧元，前年是 2.5 亿欧元。明年公司的预定目标为 10 亿欧元，后年是 20 亿欧元……该公司雄心勃勃，要求每年将销售额翻番。其员工数量的增长同样迅速，其中部分是通过招聘，部分是通过并购。

文化的发展及保持

Fastgrowth 理所当然地为其文化感到自豪，尽管公司增长迅速、决策果断，但"人"这个因素从未被忽视。他们的员工喜欢自称"Fastie"（来自 Fastgrowth 的"Fast"），彼此关系友好并互相信任。他们的座右铭是"努力工作、友好待人"。由大量参与者共同完成的公司文化图谱独树一帜，展示出强大的红色与绿色。

但是，快速增长为组织文化带来了巨大的挑战。首先，文化发展必须与组织的快速增长亦步亦趋，当初的小团队已经成长为中型企业。其次，尽管强劲的增长、较高的离职率使得每年都有大批新人加入公司（在这种类型的公司中属于常见现象），但必须将"快速增长"的文化精髓保持下去。

可以肯定地说，Fastgrowth 正处在从初创向规模化发展的时期，其仍具有明显的初创公司特色，但必须开始面对公司扩张带来的组织上的挑战。他们组建了文化团队，借助文化图谱的逻辑，试图寻找一个答案，即这种发展会给企业文化带来什么影响。

初创公司的企业文化		扩张中的企业文化
"我们为何走到一起？"这个问题的答案自然无需多言。公司初创时的目标充满魔力。员工追随北极星的引导，方丈雄心尚未在日常工作的煎熬中受挫		很大一部分员工没有被公司初创时的理念火花所感染，吸引他们的是一种不同的使命，公司最初的那些体验对于他们只是听来的故事。随着公司发展越来越快，应当注重维护水蓝色模因，令它不至于被丢失。仅仅知道当初的水蓝色使命显然不够，大家必须能够经常感受到它
质疑信条和规则是初创公司本质的一部分。技术往往是帮助做出抉择的"武器"，公司喜欢把自己定义为"技术公司"。通常，吸引投资者前来的也是技术		不断扩张的公司会发现自己拥有越来越多的日常规则。随着迅速发展，公司越来越需要更多的功能（除了技术）。投资者聚焦未来的承诺，客户则与之相反，更看重实际结果
初创公司往往表现出模棱两可的绿色文化。一方面公司内部结构是扁平的，彼此之间人际交往密切；另一方面由于业绩压力大，大家没有太多交往的空间		随着组织迅速增长和趋于稳定，实际上它完全可以加入更多绿色模因，但增加的等级层次也带来了不对称性，造就了心理安全距离。一旦离开周边环境，人们很难拥有心理上的安全感。由于人员变动过快，公司极高的增长率也令个人业绩压力居高不下
初创公司通常会走极端（红色），因而不够务实。当前的市场、竞争者，甚至客户都不足以起到引导作用——它们根本还不存在		经验教训促进公司变得务实，成功不再是遥远的蓝图，而是触手可及。因此，市场、客户等也越来越成为大家关注的焦点

续表

初创公司的企业文化		扩张中的企业文化
初创公司对蓝色有天然的抵触情绪。这不仅因为它此时的规模还不需要太多规则，也因为大家通常把稳定公司的官僚主义和僵化视为自己的竞争劣势		公司忽然发现，标准化和流程意味着高效，能够带来利益。人们对可靠性的期望越来越高。在某些领域，个人不得不让位于有约束性的规则，这可能引发紧张气氛
从零开始，一蹴而就，这本身就意味着强大的红色的突破性能量和勇气。它带来战斗精神和决断力，是保证公司生存直至成功所必需的		原来忙于救火的"灭火器"，现在可以被更复杂的解决方案替代。公司的生存不再需要以天或星期计算，于是大家的关注更多转化为一种中期视野，策略、战略取代了原先的冲动
初创公司进行着开创性的工作，无论是公司还是特定部门，无经验可循。团队规模小、聚焦明确，确保了凝聚力和归属感		随着规模不断扩大，公司不得不快速招聘大批员工（甚至收购整个组织），这导致员工归属感下降。如果没有诞生一种新的、扩展的"我们"精神，则筒仓式的各自为营思维就会抬头

基于上述思考，组织从文化图谱中得出结论，定义了自己的"文化引擎"和"文化发展领域"，以此为自己的企业文化发展提供支持。

- "文化引擎"对应的是文化中的优势，它们应当得到进一步的发展，在未来的公司扩张过程中被保留、维护。这些模因是决定成败的关键所在，因而必须主动将它们传递给新加入的人。
- "文化发展领域"主要针对在公司从初创走向规模化过程中可能产生危害的文化主题。

Fastgrowth 开始系统性地针对这些文化主题开展行动。公司传播部门将它们一一纳入信息文化系统，并在一月一度的全体员工大会中进行探讨。

公司着手创造各种直接体验，由员工自己探讨、传播相应模因，这些活动被用心良苦地分散、贯穿于整个年度。

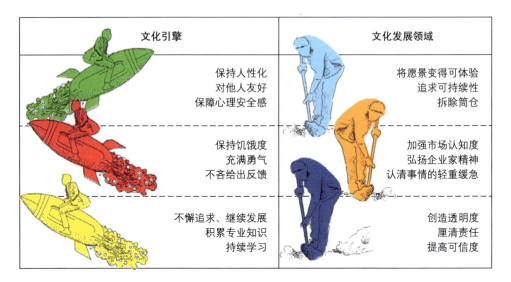

此外，公司还围绕文化行动领域对管理系统做出调整，从员工谈话到职业生涯规划。由于公司的飞速发展，这些系统原本就需要重调。最终，文化引擎和文化发展领域成为公司并购后整合流程的核心因素，帮助将新的公司尽快融入 Fastgrowth 世界中。

▎某工业企业的并购整合项目

案例背景

Maschinenbau GmbH 是一家成功的、国际化的家族企业，总部位于德国南部。该企业以卓越的产品质量和高度可信赖的流程而闻名，长期获得客户的赞誉。企业为了能够在将来继续保持产品的全球领先水平，并购了一家年轻的瑞典创新企业 Gyrosta。

当时我们一起完成了文化图谱分析，以便更好地支持并购整合项目。
需要回答的问题如下所示：

- 两家企业是如何运作的？
- 它们各自是如何看待自己和对方的？
- 假设两家企业完全整合，会带来怎样的文化上的影响？
- 在整合过程中，应当注意什么？

Maschinenbau GmbH 的文化模式

Maschinenbau GmbH 为其悠久的成功历史而自豪。该企业现在由第三
代掌门人管理，共有员工约 5 000 人，其中 2/3 在德国总部任职，剩下的
1/3 在美国和中国的分支机构工作。

紫色价值观为该企业的文化建立了稳固的基础，员工为能成为企业的
一分子而骄傲，离职率比较低，很多员工的父母，甚至祖
父母就已经是 Maschinenbau GmbH 的员工了。尤其是在艰
难岁月中，员工彼此之间的凝聚力、团结力就更为明显。
企业与员工更加紧密地团结在一起，共同战胜危机。

大家公认，企业长盛不衰的主要秘诀在于持续改进产
品质量和提高生产效率。企业文化中蓝色模因非常强大，
该企业的运行类似于其生产的机器：结构化、精确、可靠。
这里不存在偶然性，一切都是标准化的、透明的。管理层根据组织结构图
和职位要求进行管理。大家认真履行工作职责，保持勤奋、细心。

企业的蓝色、紫色模因处处被红色模因渗透。上至掌门人，下至团队
主管，管理作风无不充满权威，直截了当地发号施令。企业习惯于对良好

的团队业绩进行奖励，而不突出某个明星员工。如果有个别员工偏离了蓝色的规则或紫色的传统，管理层绝不会心慈手软。

Maschinenbau GmbH 还拥有健康的、不过度的绿色价值观，能够为大家营造舒适的工作氛围。但橙色、黄色、水蓝色模因明显欠缺。当我们仔细分析近几年企业的成功故事时，这个事实就更为明显。这些成功来自对主打产品持续不断的改进，也就是渐进式创新。而对于颠覆式的产品创新，Maschinenbau GmbH 是可望而不可即。

在 Maschinenbau GmbH 的企业文化中几乎没有橙色——没有探寻新机会或在标准之外寻找务实解决方案的动力。黄色的好奇心被蓝色和紫色的对以往习惯的遵循所抑制，即保持事物的一贯做法。在某些地方，我们能够识别出水蓝色的宏观视角，如对 Gyrosta 的并购。大家希望这个新并购的企业能够为 Maschinenbau GmbH 带来所需的创新力量。

Gyrosta 的文化模式

初创企业 Gyrosta 几年前由斯德哥尔摩大学 3 名大学生创立。自那以后，Gyrosta 因其创新的无线电控制系统斩获不少大奖，企业员工也增加到 120 人。

Gyrosta 尽管发展迅速，但运作还是保持当初初创企业的风格，这让员工引以为豪。在企业文化中，橙色、黄色、水蓝色模因强大。企业和当年在大学成立时一样，在充满活力的"自由思想氛围"中继续追逐新的想法和愿景。他们召开各种非正式的工作坊、雄心勃勃的头脑风暴，"没有一种愿景太宏大，没有一个想法太异想天开"。

水蓝色和黄色模因带来知识和头脑的碰撞、面向长远未来的思考，橙色模因帮助大家把想法付诸实践。如此，产品和服务才能迅速达到市场成熟度。在此过程中会犯错，并且不可能总是达到客户期待的蓝色质量要求，对此大家都能接受。Gyrosta 的管理者就是当初的 3 位创始合伙人，他们各自领导一个职能团队。企业几乎没有正式的结构。企业的沟通和决策渠道都很短，大家视现实的必要性而做出理性抉择，不必过多考虑政治因素。

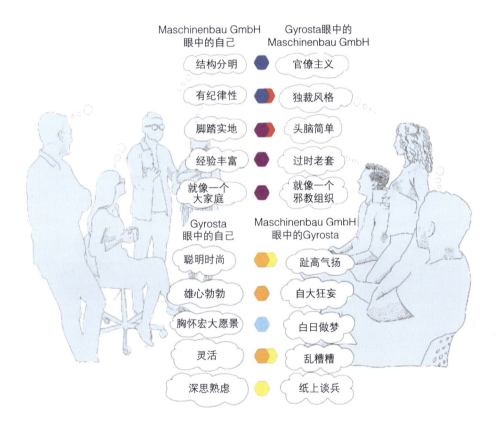

两家企业对彼此的感受

对两家企业文化模式的分析结果，证实了管理层已经意识到的一点：准备成为未来合作伙伴的两家企业彼此的视野不同，感受也不同，显然不利于双方增进理解，更容易产生矛盾和冲突。

整合流程

Maschinenbau GmbH、Gyrosta 的管理层共同定义了今后几年的主要挑战：不能损害被并购的初创企业的优势。通过完全整合，充满活力、朝气蓬勃的 Gyrosta 企业文化面临着被 Maschinenbau GmbH 占据主导地位的企业文化所吞噬的风险。一旦戴上蓝色标准化的"紧箍咒"，Gyrosta 会逐渐丧失原有的最具特色的橙色和黄色变革力量。因此，大家决定不采用完全整合战略，而是着眼于两家企业之间的伙伴式紧密合作。

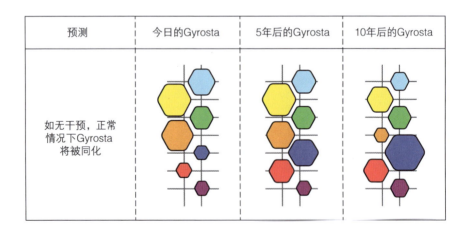

预测	今日的Gyrosta	5年后的Gyrosta	10年后的Gyrosta
如无干预，正常情况下Gyrosta将被同化			

行动领域

为了增进双方的合作关系，维护各自的文化优势，企业管理层在文化设计中采取了以下措施。

- 建立文化意识：双方组织的关键人物着手剖析现有文化模式，从而建立更广泛的文化意识，让大家认识到两个组织的不同运作方式，以及这种差异对彼此的合作和共同的成功会产生什么影响。

- 认真对待差异：双方都认识到合作带来的机遇，尤其意识到成功恰恰潜伏在两者的差异之中，如此也就产生了对彼此的宽容、尊敬。

- 强调独立性：在合并后，Gyrosta 管理层仍然能够独立做出决策——当然必须与新的所有人密切协调。Maschinenbau GmbH 的标准不会约束 Gyrosta 的自由选择。相反，Gyrosta 可以从促进增长的角度出发，在其认为合理的情况下，自主选择、采纳 Maschinenbau GmbH 的某些标准。

- 引进行为准则：双方共同制定一套新的行为准则，包括沟通准则、协调准则，从而对未来的合作进行规范。

 ## 精准的企业文化设计

企业文化设计不一定意味着企业文化的根本性和全方位的改变。它能够帮助识别和构建文化中的某个特定情境或特定主题模式。此时，我们的重点不是深层次的文化转变，而是对人的行为方式的点状控制——因为我们深知，集体习惯行为会形成文化。我们剖析管理层和领导层面临的挑战，然后问："在某个具体场景中，应当激活哪些模因？"人们会单独启用文化图谱中的某个六边形来发出信号。就像园林景观设计师，他不会忙着修建整个花园，而是视情况在不同角落设置不同的重点。

如此这般，企业文化设计可以在某些特定情境中，帮助组织里的人们有意识地遵循某个六边形而行动。换句话说，企业文化设计有意识地帮助人们从某个抽屉中挑选使用的工具。例如，具有强大绿色的组织通常充满共情，较容易给出反馈，而具有强大红色的组织则更具开放性。这两种组织都可以借助六边形语言，使人们明确意识到红、绿两种色彩都是组织必需的。类似方法也可以用于提醒某个具有强大橙色和红色的组织，在其制定目标协议时不要忘记蓝色的游戏规则。

企业文化设计可以对大量典型的管理和领导主题起到帮助作用。此处我特地挑选了几个案例，以展示如何在实践中使用文化图谱六边形达到掌舵文化目的。

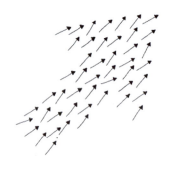

┃ 以使命为目标

企业拥有使命并将其作为目标，这已经成了企业最重要的监控要素之一。它一箭双雕，牵涉企业文化设计的两个维度：既支持功能，又创造吸引力——当然，前提是它的的确确在企业文化中得到体现。

所谓"企业目标"，是指当人们从宏观角度观察一个组织中汇聚的个体目标时所看到的模式。当然，人们所追求的目标不可能完全一致，但通常会呈现出大致相同的方向。

当组织内部的人们追求的目标差异很大，甚至截然相反时，那么问题就出现了。例如，一部分人

希望成为高端供应商，面向奢侈品市场销售产品，而另一部分人更愿意打入低端市场，面向大众消费者销售产品。

　　亨利·福特认为，他的企业的目标在于为普通大众而非上层的那几万人制造汽车。这成了福特公司的"为什么"，即宗旨。宜家的目标是"让尽量多的人的日常生活变得更美好"，其理念是"提供设计时尚、功能齐全的家具，价格低到能够使尽量多的人用得起"。宜家的实际行动也肯定围绕这个理念展开。宜家所有的决策，无论是投资、供应商选择、生产设施，还是商店设计方案等，都必须以此为准绳。宜家每个员工的决定、行为无不向它看齐。宜家的产品主管绝对不会考虑销售小批量的、独家的高端产品，因为这不是组织的宗旨。

　　我在大学给工商管理系的学生上课时喜欢问他们什么是企业目标。我经常听到的答案是"盈利"或"赚钱"。这显然是橙色思维。当然，利润本身是好的，每个企业都需要金钱才能更好地投资未来。如果财务吃紧，组织也会"挨饿"，就像有机体失去食物。但是，难道食物就是生活的目标吗？这种态度显然无益于维持有机体的生存能力。对于企业而言，利润虽然至关重要，但严格来说并不占据企业首要地位。利润不是目标，而是结果。

　　彼得·德鲁克对企业目标的定义获得了广泛认可："仅有一种企业目标的定义是有效的——创造顾客。"更好的是，创造更多顾客。没有顾客就没有生意，利润更无从谈起。沃尔玛的创始人山姆·沃尔顿对此也有类似看法，他始终在提醒组织，不要忘记顾客所拥有的强大力量："他们可

以解雇公司任何人，包括董事会——他们只需到别处花钱。"

对组织来说，创造顾客意味着要先有一个产品或服务的想法，然后把它变成现实，再把结果卖给某人。但是，这个结果必须有价值。照此推理，企业目标就是为外部的某人创造价值。这个目标显然具有鲜明的水蓝色成分。

TED 演讲传奇人物西蒙·斯涅克反复强调，如果你自己都不信服自己的"为什么"，不相信自己的行为具有更大的意义，那你几乎不可能说服他人对你的产品和服务产生兴趣。理查德·布兰森作为成功的企业家，也一直把维珍集团的橙色企业家精神与更高的目标紧密结合：

"在维珍，驱动我们的始终是那个"为什么"……我们当初创立维珍唱片公司，是为了让音乐爱好者能更简单、更舒适地展现他们的激情——因为音乐同样赋予我们激情。我们带着一架飞机和一个梦想进入航空业，想让飞行变得更有趣、更好！因为我们自己也渴望这个转变。我们经商，从来都不只是为了赚钱，而

是着手去做那些市场缺乏的、可以撼动整个行业的，以及能为我
们和我们的顾客带来欢乐的。"

许多企业创始人和初创企业都有一个明确的水蓝色目标，但在企业做大之后，继续保持这个远大目标的可见度就变得困难起来，何况这个目标并不是一成不变的。它所指向的方向应该是潜在顾客所在方向。问题在于：今天还是顾客充盈的地方，明天就可能门可罗雀。因此，企业目标及方向应该时不时地进行调整。长期以来，微软的使命是"为每个办公桌、每个家庭放置一台电脑"。这在 20 世纪 90 年代无疑是一个很好的使命，但放到今天，"每个家庭一台电脑"的使命显然不合时宜。在最初的雄心变成现实后，微软启动了"赋能他人"的新使命，即"让地球上的每个人、每个企业都取得更高的成就"。

然而，仅仅拥有一个好的使命并不足以成为成功的保障，它只是照亮了前进的方向。整体的文化才能决定最终结果。埃德温·兰德是宝丽来相机的发明人和创始人，他最初曾宣称他的相机"为大家带来的远远超越娱乐和拍照，将成为人们不可或缺的陪伴者"。这个目标即便放在当下的智能手机时代也绝不落伍，但他的公司还是破产了。相反，有许多 App 恰恰正在兑现宝丽来所宣称的使命。

毫无疑问，好的使命当然包含强大的水蓝色模因，它赋予了产品意义，为他人创造价值。它指引每个人的贡献，并随着环境的改变而自我调整。同时，它与其他所有色彩之间具有相互作用的关系。

	个人头脑中的使命是无用的,只有全部人员都相信目标时,大家才会一起努力。同时,共同目标会创造一致的认同感,差异将不再重要,因为大家一起追随同一目标
	踏上追求使命之路时需要勇气和决心。使命指引方向,而红色的"推土机"不会迟疑很久,决策很快将变成实际行动——正因为如此,方向的准确性更加重要
	为了追随使命,蓝色的计划和协调能够提供帮助。从使命出发,也能够更好地评估结构、流程、规则:哪些有益,哪些曾经有益但如今已经成了障碍,等等
	橙色的企业家精神将驱动企业实现目标。使命将许多个人的橙色追求捆绑在一起,使得个人目标为共同目标服务
	使命不仅必须在理性层面上也要在感性层面上令大家信服。使命具有理想主义色彩,能够激活绿色模因,使人们发自内心地为共同目标全力以赴
	黄色的探索精神能够为有远见的目标找到新的解决方案。黄色的求知欲引导人深入事物内部,而使命能够让人找到钻研的正确位置,并引导其与专业的伙伴进行知识共享

▎创新模式

当文化中具有足够的橙色模因时,就会推动组织不断变得更好。它是创新成功的重要驱动力。在考虑企业如何推进创新时,可以分析两种典型的创新模式:渐进式创新、颠覆式创新。

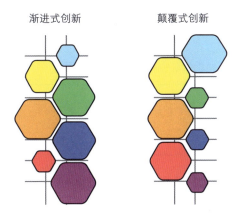

渐进式创新的目标是为顾客提供更优的产品或服务：新型跑车会降低油耗、提升速度，新的互联网套餐会以更低的价格提供更好的数据传输，新的牛奶包装有旋转盖，床上用品因为物流优化而更加便宜……这些都是对某个现有的解决方案进行优化，而产品和服务的核心内容基本保持不变。虽然提供的产品不断改进，但市场、客户、竞争者基本上没有变化。

颠覆式创新则是与现有技术彻底决裂。如果说渐进式创新可以利用企业已有经验帮助获得成功，那么颠覆式创新就是一脚跨入全新世界，某个新的游戏开场了。颠覆式创新将改变客户世界，竞争对手也随之改变。例如，第一批汽车把马车永远赶出了城市的街头，计算机令打字机变得多余，数码相机取代了胶片相机，本身却在不久之后被智能手机淘汰出局。

我们戴上文化图谱眼镜，就能识别渐进式创新和颠覆式创新背后的几种典型模式。两者都具有鲜明的企业家精神（橙色模因），除此之外，它们的区别也特别明显。

两种模式都具有强大的橙色模因，这也是成功创新的必要前提。企业希望变得更好，希望获得胜利，所以以市场为导向，密切关注各种改变，从而发现机遇、寻找解决方案

在渐进式创新文化模式中，经验、可靠的流程、团队协作扮演着重要角色。

过去塑造未来！迄今为止取得的成就给大家带来认同感，大家在经验的基础上寻求继续发展，并为迄今为止的发展历史感到自豪

未来可以被规划，它类似于对历史进行外推。透明、可靠的流程带来卓越的品质，错误也被规避

团队协作确保每个人都能参与其中，但这也导致产生的大多数决策必须基于广泛的共识

以上三种色彩与橙色合力，使得企业的服务和产品被不断优化，但在这个组合中很难诞生颠覆式创新的产品和服务。

在颠覆式创新的文化模式中，强大的橙色背后也有其他一些典型的六边形及其相应的模因。受到宏大愿景的鼓舞，人们无所畏惧、无禁忌、无妥协地为之奋斗，以改变世界。

创新，必须让世界变得更好

思考无止境，务必走在进步的最前端。引导大家的不是经验，而是理论上的可能性

续表

勇敢、坚定地为新事物而战，无惧损失和阻碍

在渐进式创新文化中，文化图谱右侧的集体主义为橙色雄心提供支持；在颠覆式创新文化中，起决定作用的则变成了左侧的个人主义。水蓝色愿景一马当先，将文化紧紧拢住，否则就会变成个人英雄的表演。与此同时，红色的勇气和决断力为黄色—水蓝色的梦想提供支持，让后者成为现实。在颠覆式创新中，强大的红色驱动力使风险变得模糊，文化打破现状，以便探索全新世界。

相比之下，渐进式创新模式背后有丰富的关于产品、功能、客户的专业知识，它依赖于成熟的流程和可信赖的人群。在这种文化模式中，强大的紫色、蓝色、绿色意味着极其珍贵的经验宝库。然而，在大家希望真正创造根本性的新事物时，这可能恰恰成为沉重的负担。

在大变革时代，一马当先的通常是新来者。经验丰富的市场领导者并不总是能够重新定位自己并捍卫自己的强势地位。前者借助橙色和蓝色模因，持续优化产品，面临的挑战是如何确保质量的可靠性。后者则必须聚焦黄色和水蓝色的各种活动，保证自己在下一次飞跃性发展时依旧能够参与其中。汽车行业的新能源系统、新型出行方案等，为这两种不同的创新模式提供了直观的例子。

当那些经验丰富的汽车制造企业还在喋喋不休地历数各种理由，力图证明电动汽车不可行、无法在大众市场上立足时，无名小卒特斯拉却已经摩拳擦掌，用事实证明前者的错误观点。特斯拉的运作方式完全不同，创

始人埃隆·马斯克的世界里充满了黄色和水蓝色模因，其中又夹杂着很大比重的红色勇气和橙色企业家精神。他的水蓝色愿景是"让所有人都能买得起电动汽车，让世界变得更美好"。此外，他保持头脑清醒，以黄色的科学和逻辑为指导。马斯克以他的未来计划，直面挑战传统车企的紫色经验、几乎完美的蓝色流程、配合默契的绿色团队。悠久的成功历史造就了传统车企的企业文化。对马力、扭矩的执着早就为它们的认知形成了一个强大的感知过滤器。数年之后，它们才做出回应，开始正视这位新的竞争对手。

在颠覆式创新中，实现了新、旧事物之间的彻底分离。新的业务呼唤新的战略、新的目标、新的组织结构、新的管理系统，在很多环节上通常需要新的人选。总而言之，该有机体需要新的思维方式、新的文化。然而，如果改变只是发生在口头，其余一切照旧，那么新的事物就不会产生。

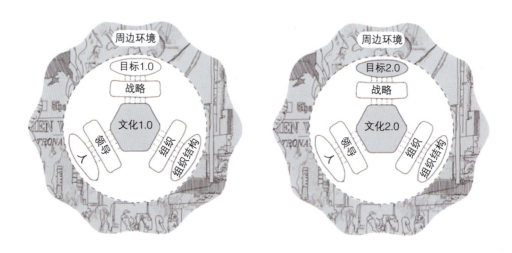

经过这样的分离，新的有机体产生，它能够卸下以往的包袱，不受限制地发展自己的文化。一旦在新领域成功立足，它又可以重新融入整个有

220

机体中，或者成为支撑企业的新业务，它与老的商业模式可以并行存在，甚至彻底接管老的商业模式。

▎目标管理和自我控制

作为一种管理理念，目标管理（Management By Objectives，MBO）和自我控制已经获得广泛认可。这个理念始于彼得·德鲁克，他提出将企业目标细化，分到每个负责人头上。因此，企业的每个成员都应该为共同目标做出各自的贡献，他们的工作都指向同一个方向，所有个体的贡献都将汇合成整体贡献。

然而现实无情，人们在当前的实践中往往只能找到前半部分，即目标管理，后半部分的自我控制被忽略了。MBO 流程往往受制于强大的蓝色模因，不仅目标是自上而下给定的，而且规定了通往目标的路径。即便周边环境已经发生改变，这套设计也还是僵化地存在，它真正的意图被官僚主义压垮。对于德鲁克而言，目标管理和自我控制两者是缺一不可的：人们不仅应当目标明确、方向清晰，而且应当有机会通过自我管理来达到目的。

在一个运行良好的 MBO 流程中，理所当然会存在大量橙色模因，但水蓝色愿景、蓝色规则也必不可少，在制定目标的过程中，同样需要一些绿色。

出发

	目标制定后，明确了组织对成员的期望及衡量标准，这使人们可以控制自己的业绩表现并对事情设置优先级。自我控制是一个重要的驱动力，因为具有橙色模因的人都希望展示自己的能力，希望获得成功，愿意为结果承担责任
	如果个人行为服务于组织目标，那么个体就将成为宏大整体的组成部分。所以，通过水蓝色视角一览整个组织是有必要的，以便协调和组合个人行为，并为个人定义最适合的目标
	在通往目标的道路上，橙色务实主义可能会偏离方向，这时就需要明确游戏规则，约束所有人的言行。蓝色界限向大家展示什么是允许的、什么是不允许的，而在界限之内，大家可以自由选择通往目标的路径
	在制定目标时，最好能够基于绿色共识，并充分考虑每个人的优势和个人的具体情况。同时，应当将管理者纳入流程中。个人不仅应该明确自己的目标，更应该相信自己的目标

设计良好的 MBO 流程允许个人积极发挥主观能动性，自主地为某个远大目标做出贡献。正如畅销书作者丹尼尔·平克在《驱动力》一书中所描述的，这种方式非常有激励作用。他把"自主""驾驭""目标"视为业绩表现的重要驱动力，很多时候甚至比物质激励更为重要。自主是重要的橙色模因，它使员工在自我管理中探索并找到通往目标之路。水蓝色模因的意义在于引导方向：优化产品、服务，甚至整个世界。将以上三个要素融为一体，激发了员工的雄心壮志、全情投入和改变的意愿等。

"目标与关键结果"（Objectives and Key Results，OKR）的概念起源丁英特尔公司，现在深受初创公司的欢迎。从表面上看，它与 MBO 非常相似，实际上两者有几个关键的区别：在通往宏大目标的道路上，橙色的可测量的关键结果并不是自上而下设定的，基本上是自下而上产生的。OKR

强化了橙色企业家精神、红色决断力。此外，OKR 强调了黄色的好学特质，这一般通过透明度和经常性的合作交流来定义。

▍多维度的信任

常言道"信任固然好，能控制更好"。长期以来，对组织的管理或多或少是遵照这个座右铭来进行的。这种做法的影响日益削弱，当然不是因为缺乏控制的可能性。技术的进步已经确保我们今天比以往任何时候都拥有更多的可能性。

尽管控制能力有所提高，但信任依然是一个基本因素，特别是鉴于组织内外的复杂性不断增加的情况。当大家面临难以理解或不可预料的情况时，信任显得尤为重要。当你无法理解他人的言行时，此时就需要信任了！而且扪心自问：谁愿意总是被他人怀疑和控制呢？

很多企业领导者、员工、管理专家纷纷呼吁创建一种信任文化，这不是空穴来风。该文化的主要组成部分请参看以下表格。

哪怕只有一个维度比较薄弱，信任文化就岌岌可危。如果他人的工作表现无法给你可靠感，那么真正的信任就无从谈起。另外，有些人可能为人正直、工作出色，但是常常不遵守双方的协议，这样的人也很难获得信任。最后一点：如果双方在私人关系层面上不相信对方，信任也就无法产生。如果你总担心他人背后捅刀子，那么信任也无法建立。根据具体情况中缺少哪个维度，可以对症下药采取措施，创建稳定的信任文化。

	信任经常被视为是单维度的，即人与人之间的关系。这种信任传递的信息是，所有参与者在良知的范围内保持最大可能的正直和忠诚，哪怕仅仅基于体面或彼此的紧密联盟，都足以令大家相信自己不会被欺骗或隐瞒。这个信任维度的基础是绿色模因
	稳固的信任文化需要的另一个重要维度是基于对工作业绩、成果的信任，大家信任对方的工作能力，相信他会为了约定的目标全力以赴。信任催生信心
	最后，健康的信任文化还拥有一个蓝色维度，即对协议的信任。蓝色模因督促大家遵守约定。这种可靠性也能促进信任

▎真诚、善意的反馈

　　企业员工在日常工作中常常会面临一个困境：是保持良好氛围，还是把矛盾公开？企业在创建各自的反馈文化时，常常会过度偏向红—绿量表的一端或另一端。

　　良好的反馈是无价之宝，我自己对此有亲身体验：当年作为一名年轻的咨询师，咨询行业中的很多习惯对我来说还是新事物，我努力工作、全力付出，然而很多事情还是不能尽如人意。一次某个同事把我拉到一边对我直言，我提交的方案在布局、结构方面不符合公司的期望。于是我决定将来会更留意这点。然而几个星期后，这位同事跟我摊牌了：我的方案的布局简直惨不忍睹！他的反馈如此直截了当，以至于我的自尊非常受伤。但在震惊、不满了几天后，我开始正视他的批评，彻底重新设计了我的方案。为此我仔细研究了公司的要求，请教其他同事，卷起袖子加油干，最后我的方案得到了公司高层的认可。事后，那位同事善意的绿色关怀、对我个人发展的帮助令我充满感激，我同样感谢他的红色坚持。

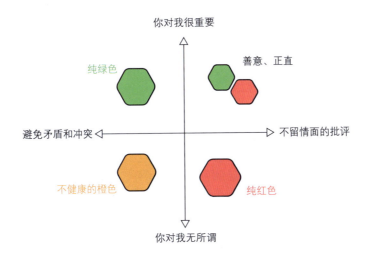

反馈文化大致可以用两个轴来展现：Y 轴描述的是一个人是否真心关怀对方，X 轴则覆盖从避免矛盾和冲突到不留情面的批评，后者可能意味着激怒甚至伤害他人。

良好的反馈文化应该综合绿色和红色，兼具人性和严格，大家不应仅仅关心自己的进步。周围人群对一个人是如此的重要，使他甘冒破坏关系的风险。大家带着善意，正直地给彼此提出反馈，哪怕对方并没有要求。这里如果缺乏绿色模因，就容易演变成一种极具攻击性的文化，大家随时会批评他人，言辞激烈甚至恶毒。如果缺乏红色模因，形成的则是棉花团文化，表面上的和谐会禁止所有形式的批评。企业可以视具体情况，观察缺少何种模因，有意识地引导朝哪个方向前进。

在某些文化中，大家批评一切事物、一切人，无论是向下还是向上，向左还是向右。还不等你开口说话或做事，各个方向已经万箭齐发，纷纷反对。结果往往是大家针尖对麦芒，公开争辩，矛盾被带出会议室，继续激化

续表

	另一个极端则是棉花团文化。舒适的合作关系不应被打扰，对方的好情绪不应被破坏，所有的批评都被视为是针对个人的，因而是伤害性的。在绿色的行为方式中，和谐至高无上，不惜一切代价也要维护，哪怕仅仅流于表面
	既不给出反馈，又努力避免矛盾和冲突，当这两者的有毒混合体出现时，就意味着不健康的橙色正在大行其道。在这种文化中，大家避免给出反馈，因为那最终可能会阻碍自己的晋升

深具文化意识的会议管理

企业将很大一部分资源投入各种形式的会议中—— 这些资源就是员工的时间。有些高层管理者将 2/3 的工作时间用于开会，中层管理者大约为 1/2。根据这个数据，每周在会议中花费 25~30 小时并不罕见，即便现在居家办公越来越普及，这种状况也改变不大。很多会议变为虚拟会议，但时间没有缩短。当 4 个员工一起开会 1 小时，就相当于半个工作人日。假如每个员工都为会议事先做准备、事后做小结，那就差不多是 1 个工作人日。与此同时，与会者常常抱怨会议效果不佳，甚至认为会议完全多余。会议的费用很高——不仅仅是财务上的费用。劳动心理学家深信，过多的、缺乏计划的会议不仅令人厌烦、占据大量时间，而且不利于身心健康。会议焦躁会导致疾病！

企业的会议文化是否健康并非偶然。随着时间的推移，在会议中也会形成可靠的习惯，文化图谱六边形可以帮助你有意识地创建会议文化。各种各样的六边形和模因影响着会议，但它们真是有益、正确的吗？

黄色的创造力对于头脑风暴会议至关重要，但如果会议目的只是给出简洁的状态更新报告，那就需要有条理的蓝色。在寻找务实解决方案时，千万不能遗忘橙色。所以你看，会议也同样受到周边环境的影响，需要找到对应的色彩组合。

一般来说，会议早在大家坐下谈话之前就已经开始了，即发出邀请、会议日程表的时候：我们期待哪些成果？需要哪些领域的专业人员？橙色和黄色的思考能够帮助我们找到这些问题的答案：橙色模因始终目标明确，并列出了事情的轻重缓急；黄色模因遵循专业知识、职权范围，摒弃个人喜好，确定正确的参会人员。理想状况是所有参会人员事先都已经清楚会议的意义和目的，这点水蓝色必不可少。

当然，企业中已构建的文化模式同样会影响我们的言行，包括召集会议时应当注意的事项、应当邀请的人等。在紫色文化中，除了领导者，往往还存在一些非正式的掌权人，其影响力不可小觑。如果会议忘了邀请他们，将来会议成果的贯彻落实可能会受到影响。在强大的蓝色文化中，必须邀请所有明文规定的相关人员与会。要是从高效率、行动力出发，希望把出席人数控制在小范围内，那么这在绿色文化中可能会引发挑战性局面，因为这种会议邀请政策对于参会人员过于精挑细选，会导致混乱和误解。

在会议召开过程中，蓝色原则承担着重要角色。在准时开始和准时结束之间，会议需要一套规则和结构，并能令大家遵守：从会议日程表到每次发言的顺序，再到具有约束力的会议记录。蓝色的会议结构越清晰明了，对紫色—红色的会议主持人的需求就越低，后者的职责通常是以权威的方式控制会议。

根据会议主题的不同，可能需要在黄色和水蓝色之间保持平衡，即创

造清晰度，明确开会是讨论细节，还是讨论整体方向？专家经常纠结于专业上的细节问题而刨根问底，这种现象在会议上随处可见。在这种情况下，把个人的发言导入水蓝色的大环境中就变得尤为重要。

与上文中的反馈文化一样，在开会过程中也要找到红色和绿色的正确组合，因为无论是红色的争论，还是绿色的共识，都无益于在你来我往中找到最佳解决方案。只有当参会人员能建设性提出异议时，才可能达成共识。通用汽车前总裁阿尔弗雷德·斯隆深知异议的重要性。据说他在一个高层管理会议上曾如此教育他的同事："先生们，我注意到我们在这个决策上达成了一致。"大家纷纷点头。"那我建议，"斯隆继续说，"我们把有关这个话题的深入讨论推迟到下次会议，以便我们都有充分的时间来思考，从而得出不同的结论。"

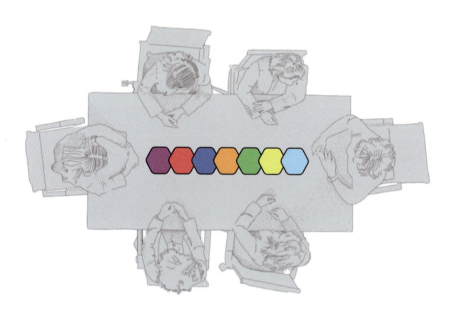

根据会议的进展，可能有必要将某个特定六边形及其模因置于主导地

位。据我所知，有些组织习惯在会议中使用不同色彩的六边形，以帮助参与人员在不同的会议阶段中采取不同的视角。

无尽的黄色和绿色讨论有时需要用红色的坚定来打断。如果讨论离题万里，则应调动橙色目标和水蓝色愿景唤回大家。有些会议应主打黄色事实，另一些会议则需要加强蓝色流程，但要想形成良好的会议文化，绿色的关系、紫色的归属感也同样重要。只要选对场合，"剂量"也适中，那么所有六边形就能各尽其责。

冰山（见第 1 章）也同样存在于会议中：这里有可见的行为和不可见的动机。会议中展示的种种问题，并不总是能够被清晰归类。例如，表面上达成的共识没有可行性，却被大家在表决时毫无异议地接受，那么原因可能是多方面的，很难一眼看穿：绿色模因使人们避免冲突，远离异议；紫色模因，尤其是当它与橙色模因结合时，会议室顿时充满机会主义的默契点头；蓝色模因使人们从不质疑领导的决策；在有些情况下，水蓝色模因使人们根本不能判别决策的重要性，而宁愿把目光投向那些自认为更重要的主题上。

毫无疑问，我们可以用这 7 个六边形对人们的行为进行定点控制，从而改善会议文化。但除此之外，定义和深刻理解那些强大的文化模因会大有裨益，这样，我们才能有效地使用和有意识地构建那些基本驱动因素。

文化黑客

"文化发展需要时间。我们可以迅速改变我们的策略，但改变我们的文化可能需要好几年！"这种论调我时常听见，它不仅广泛流传，而且很

Business Culture Design

危险，因为它使人们犹豫、观望。为什么？原因很简单：假设你给自己十年的时间用于文化发展这个项目，那么至少在前九年中你会感觉一切照旧。我们应该遵循的原则是"别再等待，立即行动"。

正如第 2 章所述，文化的威力异常强大。它创造了一个事实，当有足够多的人信任某事时，就不再需要质疑它。从进化论的角度来看，我们的确不必每次都从零出发，但其中暗藏危机：已有经验在大家的脑海中、企业文化中留下了深深的印迹，因此过去决定了未来的道路走向。然而，实际上我们随时都能够踏出新的印迹，而非加深旧印迹。所以，最好现在就开始！

实践中我们还通过观察得出了另一个结论：文化图谱工作坊的参与者虽然充满兴趣、热情与能量，积极构建文化目标，可一旦涉及付诸实施，他们就倾向于交给其他人：公司管理层、人力资源部，或者外部的咨询顾问等。这种态度显然很难实现目标。因为文化是通过处于这种文化环境中的人的日常行为而形成的。组织中的每个人都有权力也有责任踏出新印迹，首当其冲的当然是管理层人员，他们更应该身体力行，让文化活起来。如你所知，每个人都能用模因感染他人。正如谷歌前总裁埃里克·施密特所发现的（见第 2 章），个人和小团队参与构建事物的可能性从未像现在这样强大。

在企业文化设计项目的实践中我们发现，为了解决这种犹豫不定、推卸责任的问题，公开使用文化黑客能够收到良好的效果，还能对第四阶段中采取的措施起到补充作用。

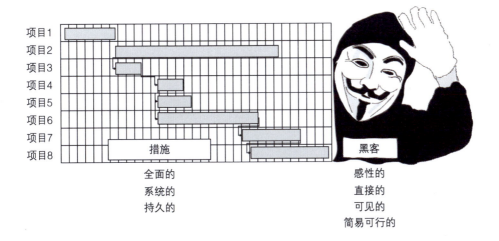

措施达到最优状态时会是全面的、系统的、持久的。因此，它们需要人们投入精力、时间和金钱。黑客遵循另一种逻辑：它们是小的激励，其带来的影响是感性的、直接的。好的文化黑客是可见的——可以被大家谈论——并且成本低廉甚至可能是免费的。也就是说，它不需要人力资源部门的介入，不需要庞大的项目管理，不需要培训，也不需要花很多时间。它需要的是勇气！因为好的黑客会打乱现有习惯，它是模式的破坏者。

我在此与大家分享一些文化黑客，这些都是我个人近几年所经历的。有时它们对现有文化的微小干扰，却能产生巨大的影响。

就你吧！

"你"文化到底要不要呢？在某些传统企业中，这个话题会引发非常情绪化的争论。对此充满疑虑的往往是中间管理层，他们倍感焦虑，害怕失去等级和地位。在有些企业中，"你"文化是由最高层拍板决定的，然后层层下压。而在其他一些企业中，"您"文化是被黑客从底层攻击的。此处要提到德国某工业企业，那里的一位员工首创主题标签"就你吧""请

说'你'",并用于他自己的电子邮件签名和企业内网个人资料照片。

这无疑打乱了原有的平静,模仿者很快就出现了——甚至出现了更多的模式破坏者!随着越来越多的人加入了这个"你"文化运动,这让那些坚持使用"您"的人的压力越来越大,后者不得不跟从。最终,使用"您"的人成了少数,然后彻底消失。一个文化黑客就改变了企业文化。

散步谈话

由于疫情期间长期在家办公,导致一位经理抱怨他的组织缺乏同理心、缺乏人与人之间的亲近。即便重返工作岗位,人们在会议中仍然保持距离。受到关于斯蒂芬·乔布斯的一篇报道的启发,他决定通过"散步谈话"来改变文化。作为苹果公司的创始人,乔布斯令人津津乐道的是他总在散步时进行重要谈话,而不是在办公室里。

文化黑客就这么诞生了。这位经理在使用 Outlook 发送会议邀请时,除了注明会议室,还总是附上散步的路线。收件人只要轻轻点击一下,就可以选择与他进行一次散步谈话,而非通常意义上的会议。这个倡议受到大家热烈欢迎,在公司园区内做一次小小的散步,帮助大家增进对彼此的了解,也加深了人与人之间的关系。

四人胜

继续同事如何合作的话题。某位部门主管决定采取措施,阻止组织内泛滥成灾的会议文化。每个会议室里最多只允许四位参会人员,一旦满员便在门口挂上牌子。如果有第五人要参会,必须有一人先离开会议。这就是所谓的"黑客规则"。

关键指标问答

如果感觉对市场和客户缺乏了解，应该怎么办？一位经理通过每周一在入口大厅和电梯里张贴一张写有某个数字的纸来解决这个问题，同时提供了四个可能的回答。每周五公布正确答案。

在此期间，组织内的人们讨论这个数字，并好奇这次它又代表什么？比如，它可能是电话服务中心每星期收到的电话咨询数量，可能是公司新学徒的数量、公司的净推荐值、"非客户"（那些对我们的产品感兴趣却没有购买的人）数量。这位经理采用这种方法，把市场和客户的重要信息引入组织内部，并扩散橙色模因。

花园聚会

一看这个文化黑客的名称，大家就知道它出自某个瑞士企业。就像许多瑞士人喜欢他们的花园一样，瑞士管理人员同样热衷于培育自己的"花园"：细心呵护、清晰划分，各自负责自己的"一亩三分地"。

一位部门主管决心打破这种筒仓格局，于是组织了一次花园聚会：他每周四在食堂定位，规定每个部门每桌只许坐一个人。如果这桌已经有市场营销部的人了，那么再来一个市场营销部的同事就去另一桌。这为大家搭建了跨越部门的桥梁，强化了企业中各"花园"之间的联系，大家可以在午餐时分享水蓝色模因，而非总是与同部门的人坐在一起彰显紫色模因。

行动接力

企业文化设计项目中常见的一种现象是，高层管理人员认为已经明确了前进的方向，并与大家进行了详细的交流和沟通。但实际上，愿景并不

清晰，并没有真正在大家的头脑和心灵中扎根。德国一家企业的中层管理人员希望改变这种局面。他与自己的团队一起，依据企业的战略方向拟定了一系列个人和集体的行动措施（对企业愿景的贡献），并随后在内网公布，同时还指定了下一个团队加以模仿。这在企业中引发了多米诺骨牌效应，大家一个接一个开始深入了解企业的愿景，并与全体同事分享自己的认知。

漫画咖啡

某个管理机构中存在大量的紫色筒仓，这也与他们办公楼的建筑风格有关：一栋 20 世纪 70 年代的建筑，九曲长廊上摆满了文件柜，两边有许多办公室，门大多是关着的。员工在早上进入办公楼，坐在自己的桌边办公，晚上他们再离开。有时候他们会在走廊上偶遇同事，或者在食堂看见另一位同事。他们的沟通大多仅局限于一句冷淡的"你好"或"祝你胃口好"，由于大家从未真正交谈，彼此之间并不熟悉。

一位员工有一项特殊才能，他能画非常有趣的漫画。他决定启动文化黑客——水蓝色与绿色混合的人际关系黑客，每星期为一位在大楼里无意中邂逅的同事画一幅漫画，并把它挂在公告板上。能在画作中认出自己的人，将被邀请一起喝咖啡和吃自制的布朗尼蛋糕。结果大家无不踊跃参加，激励他们的不仅是美味的蛋糕，更重要的是交流的机会。在管理机构灰暗的日常工作中，他凭借红色的勇气为大家增添了靓丽的色彩和幽默，无疑加强了绿色的人际关系。

勇气之石

谁没经历过这种场景：你下决心要变得勇敢，要突破自我，如坚决捍卫自己的观点，哪怕会因此破坏和谐，或者在会议中多次指出讨论已经偏离主题，甚至在你受够了的时候站起来离开。但是，事实如何呢？你咬紧牙关，一次又一次忍气吞声，在原想反抗的情境中不声不响地屈服。

此时文化黑客可以帮助你。一位领导者每天早上都会在右裤袋里放三块红色的小石头，每当他表现勇敢时，他就会把一块石头从右裤袋放到左裤袋。他的目标很明确：晚上下班前，三块石头都应该在左裤袋里。也就是说，他每天要完成三个勇敢的行为。勇气之石既是回忆，也是驱动力。每当他感到绝望，愤怒地把手插进裤兜时，他就会碰到这些小石头。这种方法不仅适用于需要勇气者，对其他文化目标也有效。

以上各种文化黑客（当然还有其他类似的）证明，文化并非不可改变。文化是动态的，始终处于发展变化中。它源于人们的态度和行为，具有感染力！这正是机会所在，我们不应当把组织文化交给偶然性，而应当有针对性地创建它。我衷心希望企业文化设计能够为大家带来帮助：从共同思考当下的模式到分析周边环境，再到绘制目标图像，直至最后找到切实可行的行动领域……你们能够成为积极的文化创建者。

结　束　语

在商界中，企业文化这个主题已经耳熟能详。这是一种积极的发展，因为以前并非如此。早在 1951 年，心理分析学家埃利奥特·贾克斯在《企业文化的改变》一书中就提出了组织文化的概念，但在之后的几十年中，在管理学专著、议程中占据统治地位的，是那些被认为更硬核的主题——战略和结构。直到 20 世纪 80 年代中期，企业文化的主题才受到更多关注，至少在理论层面。约翰·科特和詹姆斯·赫斯克特在 1992 年合著了《企业文化与经营业绩》，描述了企业文化对企业成功的影响。

尽管如此，要把这些认知变为实践仍举步维艰。我的第一位雇主是圣加仑管理学中心，企业文化对其结构的影响已经可见，各经营部门的设置遵循圣加仑管理学模型，在功能上按照战略、结构、管理和文化分类。我供职于文化部门，但"主旋律"永远奏响在前两个部门。内部有些同事开玩笑地把我们叫作"喝草莓茶的"，我们的工作也相应不太被重视。我猜想在世界上那么多形形色色的组织中，一定有许多文化领域的负责人试图推动某些改变，而他们的经历应该与我相似。

长期以来，企业文化一直遭受冷遇。所谓"企业文化"，大多局限于设置开放日、举办企业欢庆等活动。现在我们有个好消息：时代变了，企业文化已经在全球范围内被很多顶级企业的管理层提上了议程。相关参数、数据、事实无不展示它的极度重要性。几十年来各种关于企业文化的调研结果证明：健康的文化本身就是决定性的竞争优势。

诸如此类的科研结果，令我们所有人欢欣鼓舞，也证实了我个人的企业文化设计实践经验。我在长期项目中目睹了文化工作的效果，很多客户也向我讲述了文化在其组织中的积极影响。

地平线上的挑战

早在 2500 年前，"哭泣的哲学家"赫拉克利特就已经提出，宇宙中唯一不变的就是变化。商业世界概莫能外，变革无处不在。尤其是近几年来，变革的速度更快。这对当下的企业提出了新的挑战，无论它是哪种色彩——挑战都一样存在。放眼"对企业职能的要求"和"对员工的要求"这两个维度（详见第 2 章），文化工作是重要的，也将继续重要。

员工的需求已经改变

某些企业不积极了解自己的文化，在周边环境已经改变的情况下却不与时俱进，我深信它们早晚会被淘汰。根据应用劳动科学研究院的一份报告，00 后这代人在工作中注重自我决定权，愿意承担责任，追求工作的意义所在，要求平等相待，可以发挥自身的创造性。可惜以上种种在大量企业中仍处于次要地位。

2018 年问世的纪录片《无声的革命》，主要关注职场中持续的文化变革，片中的约根·福克斯是拜罗伊特大学哲学与经济学老师，他当时就对很多企业中存在的机械化的员工图像提出尖锐批评。人们感觉自己作为雇员，不过就是清晨穿过企业大门"被雇用"，晚上离开企业又"被放逐"，

而管理层的核心人物就是在此期间提高警惕，让大家在工作时别闹事。在很多企业文化中，它体现在蓝色模因过分夸张，仅将个人视为大传输带上的一个小齿轮（详见第 3 章）。而对于我们的年轻一代，缺乏尊重绝对是"禁区"。在争夺优秀人才的战争中，企业文化的吸引力无疑是关键的竞争优势。罗伯特·华德士（全球领先的猎头公司）的调研指出，顶级后备人才在求职时，大约 90% 会对潜在雇主的企业文化进行详细研究；他们最终是否加入或离开某企业，文化起到了一锤定音的作用。

当本书英文版 2018 年在纽约发行时，这种新常态已经初现端倪。当时西蒙和我邀请了几位投资银行家，他们几乎众口一词地抱怨说他们作为雇主，已经越来越无法吸引好的员工。我想起自己在纽约瑞士信贷银行工作的情境，那是 2007 年，我们的招聘主管仍能用丰厚的薪水和其他福利待遇，把最出色的人才网罗到银行来。现在这些已经不管用了，年轻的天才现在喜欢涌向西海岸，在"年轻的、有梦想的科技企业"中做出贡献，他们要"改变世界"。

年轻一代的这种态度拥有巨大的力量，能够冲破传统的文化模式。我个人非常欢迎这个新发展，同时必须正视很多企业因此而面临的挑战。谁想在天才争夺战中胜出（估计大家都想），谁就必须与时俱进，力求继续成为有吸引力的雇主。

对功能性的要求已经改变

在日趋复杂的周边环境中，对未来的预测、规划越来越困难，而我们的职业世界正在经历势不可挡的变革。这对于企业到底意味着什么？它们应当"响应"，也就是说，面对已改变的需求、无法预测的挑战，它们应该具有快速应变的能力。此时，文化图谱中个人主义的、灵活的左侧模因群就显得格外重要：红色、橙色、黄色。企业拥有了它们，才能坚决、务实地实行自我调整。问题就在这里：在很多历史悠久的传统企业中，这些模因相当有限，甚至极度微弱。但是，这也可能衍生出一种大有希望的双赢局面：传统企业融入新一代年轻人，获取必需的动力，以完成必要的改变；同时它们又必须向年轻人提供有吸引力的周边环境，让后者参与构建并继续发展。

2024 年春季，我在上海为一位德国客户开展了一系列工作坊，参与者分别来自中国、韩国和印度，他们向我描述了他们各自地区的企业文化特色。据他们所述，这些地区的企业文化在行动上明显领先于许多跨国公司，展现出极高的风险敏感度，决策果断且务实，这些文化模式我在上海的一些企业中也看到了。这种企业文化使得他们在面对挑战时能够迅速反应，有效地解决问题。简而言之，这些地区的市场变化就如同磁悬浮列车一般迅猛（磁悬浮列车在试运行时竟能达到令人瞩目的时速 632 公里）。显然，这里的人们和公司都已经迅速"适应"了这一变革并因此取得了成功。然而，正如每种文化都有其独特的优势和局限，东半球的企业也必然需要精心处理并发展其特有的企业文化，以应对市场的快速变化。

对文化的意识

为了提高自己的未来生存能力，企业可以采取很多手段。当周边环境动荡不安时，企业若想掌握主动并追逐成功，必须了解自己的文化，并根据周边环境的要求而持续发展。这个学习曲线的陡峭程度将起到决

定性作用。

心理学家彼得·克鲁斯将企业视为"社会大脑",有三个基本因素能够积极推动它的学习过程：关系、激励、评估。即企业为了学习文化,应当提高人们的联系密度,将企业各个角落的人紧密联系到一起。另外,它还需要激励,需要灵感或启发,以便挑战大家、制造困惑、引导思考；通过共同的讨论,催生对现实的新的评估。

而我们的企业文化设计正是为此而生的：在每个阶段中,文化图谱将大家联系在一起,为思考创造空间,为讨论提供疏导渠道。即便在不同地点举办工作坊,有时甚至是线上会议,在此过程中诞生的同一企业的文化图谱却极其相似。这既非单独个例,也非纯粹偶然,而是不断重复的。这同样适用于文化目标,其出现一致性的频率也很高。这说明所有企业员工对现有文化已经具有一种意识,他们头脑中已经植入了文化雷达,但因为他们对此不（能够）交流,也就（还）不知道。

共同的文化语言为大家有区别地进行文化剖析创造了前提条件。文化图谱的色彩使得文化可以被讨论,参与者能够将经验归类、发现共同点、展开讨论并最终走向同一个目标。此时,企业文化不仅仅是理论性的架构；它活在日常生活中,催生改变,将一切推向既定的发展方向。大家针对企业文化展开的各种研讨,无疑为全体员工的整体认知铺平了道路。文化图谱、我的色彩、文化 App 对此都有巨大的帮助作用。

活的文化发展

文化图谱方式的优点在于,它不是标准化的,不像"灵丹妙药"那样只给出某个特定色彩组合。每个企业都可以根据自己的特定环境提出的要求，自主决定它们目前需要哪些色彩、需要多少，才能保证自己具备现在的生存能力和未来的发展能力。

为了保证文化发展的可持续性的成功，应当促使尽量多的参与者具有文化敏感性，在履行责任时遵循文化灯塔的光芒，或者他们的目标文化图谱。比如谁想在周边环境中强化黄色模因，就应当考虑如何激发他人思考的灵感，或者有意识地激励进步、鼓励跳出目前小圈圈的思维方式。

在文化发展项目的启动工作坊中，往往已经产生强大的改变能量。参与者分组讨论企业文化的优劣时，他们多少已经在思考自己力所能及的贡献——不管是大声说出，还是沉默不语。这是文化发展的动力！一旦人们切实参与其中，文化发展对他们就不再仅仅是锦上添花，或者是麻烦的附加工作，他们的思考、行动就开始充满文化敏感——在我个人看来，这是最令人振奋的！

文化图谱为我的生命带来了更多色彩，并持续改变了我对组织文化的思考——如何传达文化发展主题、如何陪伴企业客户。你们拥有了企业文化设计，等于手头有了必要的工具，以便在组织中启动文化发展工作——本版进行了加工、扩充，更具实践性。

西蒙和我祝大家成功！如果你们能与我们分享认知和经验，我们会非常高兴！

弗兰克·赫姆勒

2023 年，于瑞士朗施拉赫特

致　谢

　　写书可被视为一个项目，除了你正捧读的这个可见的成品，同样有很多不可见的因素，它们在策划、写作、设计过程中承担了重要角色。在此，我想向所有人衷心致谢，没有他们，本书就无法以这种形式面世。

　　文化图谱诞生于我和众多企业高管的共同合作中。我感谢他们赋予我的信任，给予我深入了解各种各样企业文化的机会，能与企业及它们的员工并肩作战，完成各种紧张而多样的调研。

　　纽约科学之家的丽塔·金、詹姆斯·乔亚施一直鼓励我追随文化图谱之梦，鼓励我写书并创建我的企业。他们用充满想象力的创新、丰富的实践经验、灵感迸发的思考，令我的文化图谱理念日益丰富。我们的交往始于跨大西洋的研发和项目合作，然后蜕变成珍贵的友谊。真心感谢你们！

　　感谢在圣加仑文化学院的同事，感谢你们的合作。我们共同进入各种企业，将彩色的六边形赋予生命活力。最近几年的实践经验使企业文化设计得到了关键的长足发展。我尤其要感谢法兰克·赫姆勒，他在本次再版中带来了全新的个人视野。

　　感谢文化转型专家瑞萨·拉扎维，感谢他作为陪练伙伴为我提供的支持、他勇敢的理念、他充满创新的合作。

　　斯蒂芬·拉斯克和乌尔斯·博尔特两位教授既是我的博士论文导师，又是我的企业创建领路人，在我最初着手我的文化图谱时，是他们帮助我成功地将科学和实践结合到一起，我万分感谢他们的信任、学识和投入。

　　我也要感谢德西蕾·西梅格再次与我完美合作。在这次再版中，她特别在现有的结构中将新的内容进行细化和融入，并在文字编辑上给予我有力支持。同样我也要感谢 Campus 出版社的团队，尤其感谢帕特里克·路德维希，感谢他的投入和良好合作。

　　我尤其要感谢我的家人。我的父母一直在鼓励我发现这个世界并搜集经验，鼓励我充满热情地面对各种挑战。感谢他们给我深深烙下的这些模因，成就了我如许的生命道路。

　　最后，如果没有我的妻子卡罗琳娜柔情的背书、有力的支持，整个项目就不会成功。这次再版，书中全新的图表、布局都是出自卡罗琳娜之手，充分体现了她对这个话题的热爱、对构建工作的激情。她在工作之余，利用晚上和周末，完成了图表的手工绘制。

　　与大家共同实现这个项目是我无上的光荣。谢谢！

企业文化设计工作坊

　　欧洲领先的企业文化发展解决方案——企业文化设计工作坊，基于欧洲知名组织文化专家西蒙·施德明博士发明的"文化图谱"模型，通过分析和定义组织、部门的文化现状和价值观，重新定义核心信念、协作氛围和价值取向等文化优先事项，并提供易于行动、成果显著的行动方案。

　　与其他企业文化培训不同的是，企业文化设计工作坊结合了在线调查的定量结果和一对一访谈以及工作坊的定性信息。参与者不仅共同制定目前的文化图谱，还创造了对文化的共同理解。工作坊深入研究组织的背景、挑战、战略和目标，确定当前文化的优势和劣势，并制定出企业文化目标，使团队做出共同承诺，促进文化变革，以使企业在激烈的竞争中更好地生存。

企业文化设计授权导师认证课程

　　你是否渴望成为企业文化变革的先锋？你是否希望掌握引领企业走向数字化转型的关键技能？本书作者西蒙·施德明博士携手瑞士文化研究院（The Culture Institute）为企业培训师和顾问量身定制企业文化设计授权导师认证课程。

☆课程特色

- 全面掌握 BCD 工作坊：深入了解 BCD 项目的核心理念，学习如何运用文化图谱推动组织变革。
- 实用工具与模板：提供一系列实用的工具和模板，让你能够快速实施文化发展策略。
- 成为文化发展专家：通过系统的学习和实践，你将能够指导企业构建并优化企业文化。

☆课程收益

- 专业认证：来自瑞士文化研究院和西蒙·施德明博士的专业知识。
- 市场优势：作为官方认证的导师，你将有权在中国开展 BCD 工作坊，享有市场竞争优势。
- 持续支持：加入一个由文化发展专家组成的社群，获得持续的学习和成长机会。

BCD 授权导师认证课程内容（3 天）